S LECTORES

...fueran para mí pero, *wow*, ¡es... divertidos, disfrutables. Puedo ...o puedo creer como ha cambiado mi vida en todas las áreas. Incluso hice realidad mi sueño de trabajar en una aerolínea a los 44 años. Muchas, muchas gracias. ¡Eres el mejor!

Andy Jackson, Auckland, NUEVA ZELANDA

Tus libros cambiaron mi vida cuando tenía 16 años y estaba pasando por una depresión. Ahora sé que estaré bien. ¡Muchas gracias!

Linda Lu, Valparaíso, CHILE

Antes de conocer tus libros necesitaba de otras personas y otras cosas para ser feliz. Tuve un periodo de alcoholismo y drogadicción, fui a terapia y tomé antidepresivos.

Ahora, después de leer tus libros hace tres años, me doy cuenta de que merezco ser feliz y exitosa, y por primera vez en mi vida lo estoy experimentando.

Nancy Hayes, Alaska, EUA

Tus libros me han ayudado, como si fueran milagros, en todos mis momentos difíciles. Han cambiado mi vida —y las de mis amigos. ¡Los amo!

Omid Mortazavi, IRÁN

He leído cientos de libros sobre desarrollo humano. Todos ellos no me dan la inspiración, intuición ni paz mental que me dan los libros de Andrew Matthews. Sus libros salvaron mi vida. ¡He logrado más cosas en un mes que en 40 años de vida!

Peter Thompson, REINO UNIDO

Estaba en cama con una terrible depresión, mi infancia me estaba derrumbando y tenía problemas con mi trabajo. Entonces leí tus libros.

Han cambiado mi vida por completo. Comencé a ejercitar mi cuerpo y mi mente. Ahora soy dueño de una consultora y aprecio la vida. Estoy tan agradecido.

Adam Sanderson, Woore, REINO UNIDO

Tus libros fueron una luz en la oscuridad. Me cambiaron y cambiaron mi forma de ver la vida. Ahora, tus libros se han convertido en una especie de Biblia para mí... quiero expresar mi verdadero y profundo aprecio por tus libros y tus mensajes.

Moonsun Choi, COREA

¡Tus libros cambiaron mi vida! Son tan sencillos y directos que cualquiera puede llevarlos a la práctica inmediatamente. Ahora soy más feliz y tengo una mejor autoestima. ¡Gracias!

Szymon Przedwojski, POLONIA

Tus libros logran cosas maravillosas. Siempre me odiaba porque reprobaba los exámenes. Me era difícil hacer amigos. Ahora mi vida cambió y no tengo palabras para describir mi felicidad. Gracias.

Nguyen Duc An Khanh, VIETNAM

Encontré tus libros hace cinco años cuando pasaba por una situación desesperante: mi papá tuvo un infarto, mi esposo sufrió un accidente grave, mi mamá fue diagnosticada con carcinoma, y para completar el desastre, perdí mi trabajo: ¡todo en tres meses!

Leer tus libros fue como recibir una mano amiga. Me estaba ahogando y de repente me sentí segura. ¡Muchas gracias!

Rosanna Monaco, Zurich, SUIZA

ASÍ FUNCIONA LA VIDA

ASÍ FUNCIONA LA VIDA

¡DISFRÚTALA Y SÁCALE PROVECHO!

ANDREW MATTEWS

AUTOR DEL BETSELLER *SÉ UN ADOLESCENTE FELIZ*

alamah

Así funciona la vida
¡Disfrútala y sácale provecho!

Título original: *How Life Works*

Publicado por acuerdo con Seashell Publishers, Queensland, Australia

Primera edición: septiembre de 2015

D. R. © 2014, Andrew Matthews y Seashell Publishers

D. R. © 2015, derechos de edición mundiales en lengua castellana:
Penguin Random House Grupo Editorial, S.A. de C.V.
Blvd. Miguel de Cervantes Saavedra núm. 301, 1er piso,
colonia Granada, delegación Miguel Hidalgo, C.P. 11520,
México, D.F.

D.R. © diseño de cubierta e ilustraciones: Andrew Matthews
D.R. © fotografía del autor: archivo personal del autor
Vicente Herrasti, por la traducción

www.megustaleer.com.mx

Comentarios sobre la edición y el contenido de este libro a:
megustaleer@penguinrandomhouse.com

ISBN 978-607-31-3431-6

Impreso en México/*Printed in Mexico*

DEDICADO
a Jock y Angus.

GRACIAS
a Julie, mi esposa y editora:

Eres asombrosa.

Gracias por tu amor y tu guía.

Gracias por todo lo que has hecho durante veinte años para
llevar nuestros libros al mundo. Nadie sabe qué tan duro
has trabajado ni cuántos sacrificios has hecho.

Me asombra tu visión, tu coraje, tu persistencia y tu generosidad.
Diariamente soy bendecido por tu bello espíritu. Te amo.

A Ian Ward
Gracias por publicar mi primer libro, *Being Happy!* Cuando ningún
editor se interesaba en mi manuscrito, tú y Norma me dieron la gran
oportunidad de la vida. Estoy muy agradecido contigo por tu visión,
generosidad y compromiso implacable. Cambiaste mi vida.

A Caroline Dey
Gracias por tu interés en este libro desde el principio y
por las muchas sugerencias útiles. Gracias por ser mi amiga
durante 30 años y por hacerme reír siempre.

Al doctor George Blair-West
Gracias por tu amistad, por las conversaciones de
toda la noche en tu velero, por nuestras incontables sesiones
en Skype y por tus buenos consejos, ¡gracias, amigo!

A Juergen Schmidt
Gracias por compartir tu sabiduría y alentarme.

Índice

Cuando suceden cosas malas

1

Trent circulaba en una carretera por la noche cuando vio a una vaca atravesar el camino. Aunque intentó esquivarla con un brusco volantazo, chocó de frente con ella. El auto volcó. La vaca murió.

Trent sobrevivió y arregló su auto, pero sus problemas no habían terminado...

Necesitaba relajarse. Fue a pescar y se cortó el pie con una roca. Era una herida pequeña, pero no sanaba. Por seguridad, visitó al médico quien le dijo: "¡Olvídalo! Es solamente un tendón inflamado." Pero cuando su pie derecho se puso del tamaño de una sandía, buscó una segunda opinión. El cirujano le dijo: "Tienes una infección masiva. Podrías perder la pierna."

Trent pasó los siguientes diez días en el hospital. Le salvaron la pierna.

Ya había vuelto al trabajo y cuando manejaba por un camino rural, al tomar una curva, descubrió a un Toyota Corolla que avanzaba fuera de control por el carril contrario y se dirigía hacia él. Trent pisó el freno pero se estrelló con el Corolla.

Sobrevivió, pero sus problemas no habían terminado...

Luego de recibir un consejo, invirtió todo su dinero en una empresa llamada Financiera Tormenta. Todo iba bien hasta que llegó la crisis global y la Financiera se metió en la tormenta perfecta. Trent sobrevivió, pero la Financiera Tormenta no corrió con la misma suerte.

Trent perdió los ahorros de toda su vida. Su historia es tu historia y también la mía. ¿Por qué existen tantos malos conductores y tantas cuentas por pagar?

¿Tenemos el control sobre los sucesos aparentemente casuales o la vida es una lotería de vacas errantes y bacterias agresivas? Pronto llegaremos a este tema...

Cuando suceden cosas buenas

Jane tiene treinta y tantos años, es soltera. Todas sus amigas tienen novios o maridos. Jane quería uno también. Se preguntaba: "¿Qué hay de malo en mí?"

Encontrar a un hombre se convirtió en una obsesión. Siempre que entraba a un supermercado, a un elevador o a un avión, se preguntaba: "¿Estará él ahí?"

Y él nunca estaba.

Cuando llegaba a tener una cita, las cosas terminaban evaporándose. Al tipo le daba neumonía y cancelaba. La abuela italiana de su prospecto sufría un infarto y él se iba del país. Jane probó las citas vía internet y las odió. Finalmente, se hartó y se dijo a sí misma: "No necesito a un hombre. Estudiaré algo. ¡Me conseguiré un perro!"

Se inscribió a una clase de chino en línea. Volvió a establecer contacto con viejas amigas. Fue al teatro. Empezó a gozar de la vida. Se compró un cachorro.

Y puedes adivinar el resto. El día en que abandonó la idea de tener un novio, comenzaron a llegarle pretendientes en tropel.

- Un vecino guapo rescató a su cachorro en la escalera y la invitó a tomar un café.

- Un amigo de la preparatoria la buscó por medio de Facebook mediante la típica rutina de *me acabo de divorciar y eres la única mujer que he amado en verdad*.

- El hermano de su casero fue a su hogar para cambiar un foco y se quedó a desayunar.

Ella no estaba buscando; ni siquiera lo estaba intentando. No pasó un solo minuto en un sórdido bar. Sucedió y ya.

¿Por qué cuando ocurren cosas buenas siguen sucediendo otras semejantes?

¿Es una coincidencia?

¿Alguna vez te ha sucedido esto?

- Estás a punto de llamar a alguien con quien no has hablado en un mes y de pronto esa persona te llama.
- Escuchas hablar de un libro interesante y decides que quieres leerlo. Al día siguiente entras a la casa de un amigo, a una tienda de artículos usados o a un tren y ahí está el libro.
- Comienzas a tararear una vieja canción y al encender el radio descubres que están transmitiendo dicha canción.

¿O esto?

- Acudes a una cita y piensas: "¡En verdad odiaría encontrarme a mi ex esposo!" Entras al restaurante y ahí está él con su nueva novia.
- Compras un auto nuevo y te dices: "Espero no rayarlo." Antes de que pasen 24 horas, un niño rompe uno de tus cuartos traseros con un carrito del supermercado.

- Pasas un año planeando tus vacaciones para esquiar. Te dices: "¡Espero no enfermarme!" Pescas la gripe en el vuelo de ida y te pasas la semana entera encerrado en tu cuarto de hotel.

Podemos explicar todas estas cosas como meras coincidencias. Pero son más que eso.

La física cuántica ha probado lo que maestros espirituales han enseñado durante unos tres mil años: los pensamientos afectan a la materia, y todo y todos estamos conectados.

Los pensamientos son cosas reales. Tus pensamientos crean tus circunstancias. Pero eso es sólo la mitad de la historia. Lo que más importa es cómo te *sientes*.

Este libro trata de *por qué suceden cosas buenas cuando nos sentimos bien, y por qué suceden cosas malas cuando nos sentimos mal*, y sobre cómo sentirnos mejor para que sucedan más cosas buenas.

El proceso puede comprender cosas como:

- Por qué a veces suceden cosas malas a las personas buenas.
- Por qué funcionan los placebos y las dietas no.
- Por qué los ricos ganan más dinero, incluso por accidente.
- Por qué Jane ahora tiene pretendientes por todas partes.

Encontrar el trabajo de tus sueños, permanecer saludable o encontrar a la pareja perfecta: todo esto depende de *cómo te sientes*.

Cómo funciona la vida puede confirmar lo que la lógica consideraba imposible, pero se trata de algo que siempre supiste.

Tu vida no es una lotería. Nunca lo ha sido.

El BMW rojo

Cuando tenía 26 años, manejaba un viejo Datsun 180B. Quería un bonito coche y mi presupuesto era de 10 mil dólares.

Tenía amigos que ponían fotos de lo que se planteaban como meta en la puerta de sus refrigeradores. Ellos me dijeron: "Atraes lo que siembras en tu subconsciente." Así que recorté una fotografía a color de un BMW 320i de color rojo brillante y la puse en la pared junto a mi escritorio, en la casa. Nadie la vio. A nadie le conté sobre el auto que deseaba. De vez en cuando imaginaba qué se sentiría manejar un 320i, pero no hice nada al respecto.

Unas semanas después, charlaba en un café con mi amigo Steven. Él amaba los autos. Me preguntó: "¿Por qué no te compras un coche decente?"

"Planeo hacerlo", respondí.

Pero nunca le dije qué coche quería o cuál era mi presupuesto.

Pasó un mes y me encontré con Steven. Él dijo: "Hay un cochecito muy bueno en un lote de la calle Franklin."

"¿Qué coche es?", dije.

"Un BMW", dijo.

Ahora sí que contaba con mi atención. "¿Qué modelo?"

"320i."

"¿De qué color?"

"Rojo brillante."

"¿Cuánto cuesta?"

"Piden 11 500 dólares, pero ofrece 10 mil", dijo.

Casi se me salen los ojos. "¡Esto es raro!", pensé.

Compré el auto por 10 mil dolares y pensé que todo el asunto era sólo una coincidencia. Después de pasar treinta años viendo cómo suceden estas cosas —y estudiando a la gente que hace que sucedan estas cosas— sé que no era el caso.

Se han escrito cientos de libros sobre el poder del subconsciente, incluyendo *Think and Grow Rich*, *Psycho Cybernetics*, *The Magic of Believing* y *The Power of Positive Thinking*.

El mensaje de todos estos libros es que el pensamiento es creativo y, mientras más pienses en algo —ya sea que lo quieras o no—, es más probable que suceda.

Así que, ¿cómo funciona el subconsciente? ¿Y qué tan importante es creer?

Veamos...

¿Qué controla tu vida?

2

¿Es esto típico?

- Mary pone a prueba la última dieta de Hollywood.
- Mary baja diez kilos en diez semanas y luce sensacional.
- Mary sube diez kilos durante las siguientes seis semanas y luce como la Mary de siempre.

¿Por qué pasa eso? Porque su mente subconsciente tiene el control. Y lo mismo pasa con la tuya.

Puedes matarte de hambre con la fuerza de voluntad. Puedes comer toronjas y hasta pasto. Puedes perder 50 kilos, pero hasta que tu subconsciente acepte "estoy delgado", toda pérdida de peso es temporal.

En una batalla entre tu fuerza de voluntad y tu subconsciente, el subconsciente siempre ganará.

¿Qué tan poderoso es el subconsciente?

Cada noche, cuando duermes, sigues respirando, tu corazón bombea sangre y digieres la cena. ¿Qué controla todo eso? ¿Y qué hace que no te orines en la cama? Se trata de tu mente subconsciente.

Noventa y nueve por ciento de tu poder mental está en esa parte de tu mente de la que no eres consciente.

Sorprendente, ¿no? Puedes manejar un auto mientras comes cacahuates, cantas con el radio o planeas la cena. Cada pocos segundos mueves el volante, frenas o aceleras sin pensar siquiera en controlar el auto. ¿Quién está manejando?

Es tu subconsciente.

Una grabadora enorme

Si preguntas a una mecanógrafa: "¿En dónde están todas las letras del teclado", ¡probablemente no tendrá idea! Ella puede escribir 80 palabras por minuto con los ojos vendados, pero no sabe decirte dónde se encuentran las teclas, hasta que empieza a teclear.

¿Por qué? El teclado está en su subconsciente.

Tu mente subconsciente es una grabadora gigante. Tiene programas con los que naciste —regulan tu respiración, los latidos de tu corazón y miles de funciones corporales distintas— y tiene programas creados por ti: cómo caminar, hablar, teclear, bailar, manejar y silbar.

Es más fácil crear nuevos programas antes de cumplir los seis años de edad.

Por qué aprenden tan rápido los niños

Las ondas cerebrales de los niños son distintas; son más lentas y por eso viven en el momento presente. Hasta que cumples unos seis años, eres un libro abierto que baja información sin esfuerzo alguno.

Los niños no tienen una mente subconsciente adulta que diga: "Esto es muy difícil." Es por ello que los niños de tres años aprenden el ruso o el chino sin esfuerzo; por eso los niños de cuatro años aprenden a esquiar en tres horas.

Los niños no disponen de filtros ni barreras. Esto explica por qué puedes afectar el desarrollo intelectual de un niño diciéndole que es estúpido. Lo que digas a un niño de cuatro años se convierte en una suerte de ley para él: "Eres bello", "eres especial", "eres un perdedor", "haces infeliz a tu mamá".

El subconsciente explica buena parte de las malas conductas. Si permites que un niño de cuatro años practique juegos de computadora infinitamente, y se trata de juegos en los que se patea, golpea y maldice, y si además ve películas con patadas, golpes e insultos, estás creando un problema. No existe una mente adulta consciente que filtre lo que está *bien en una película* y lo que *no es bueno para la vida real*. La conducta simplemente se descarga al cerebro. Y luego culpamos a los niños.

EL SUBCONSCIENTE NO DISCUTE. SE LIMITA A ACEPTAR LA INFORMACIÓN COMO UN HECHO.

"No quiero hacer nada"

ANDREW
MATTHEWS

Tu subconsciente toma las instrucciones literalmente.

Nicole planeó unas vacaciones en Bali. Me dijo: "En los meses anteriores a mi viaje a Bali, no pare de decirme: *Sólo quiero recostarme y no hacer nada.*"

Después le pregunté: "¿Qué tal estuvo Bali?"

Ella dijo: "Tuve una migraña de cinco días que luego se convirtió en gripe. Pasé toda la semana en mi cuarto de hotel sin hacer nada."

Dos años después, Nicole regresó a Bali.

Me explicó lo siguiente: "Todavía no comprendía que yo había ayudado a crear mi enfermedad. Así que antes de la segunda visita no paré de decirme: *Cuando llegue a Bali, quiero acostarme y no hacer nada.*" ¿Y qué tal estuvo Bali?

Ella me dijo: "El primer día pesqué un parásito; no pude comer ni beber, tampoco leer; ni siquiera pude sentarme. Pasé cinco días en un hospital con el suero puesto y sin hacer absolutamente nada."

Cuando siembras un pensamiento, tu subconsciente cumple.

Nicole no había terminado con Bali. "Para mis terceras vacaciones practiqué una nueva estrategia. Visualicé por adelantado unas vacaciones perfectas. Me vi sana e hice lo mismo con los niños. Imaginé que descendíamos felizmente por toboganes acuáticos, relajados junto a la alberca, disfrutando de unas compras formidables y gozando de una comida maravillosa."

"Finalmente tuvimos las vacaciones perfectas", expresó.

Tu subconsciente y el dinero

William "Bud" Post ganó dieciséis millones de dólares en la lotería estatal de Pennsylvania. Su hermano contrató a un gatillero para matar a Bud y así heredar el dinero (Bud sobrevivió), la ex novia lo demandó para quedarse con buena

> *Si ganas diez millones de dólares sólo eres un millonario temporal.*

parte de él y su familia lo acosó para quedarse con el resto.

En un año, Bud tenía deudas por un millón de dólares. Bud podría argumentar lo siguiente: "¡Mi problema son los parientes!"

Pero siete de cada diez ganadores de la lotería pierde el dinero.

Si ganas diez millones de dólares sólo eres un millonario *temporal*. Permanecer rico tiene poco que ver con parientes desalmados o crisis financieras globales. Todo tiene que ver con tu subconsciente.

En una cáscara de nuez

Tus creencias eventualmente triunfarán sobre tu fuerza de voluntad.

¿Por qué me suceden las mismas cosas una y otra vez?

3

Patrones

¿Te has fijado que hay personas que nunca tienen dinero? Puedes darles 10 mil dólares en efectivo y pronto necesitarán un préstamo bancario para comprar una pizza.

¡Algunas personas siempre llegan tarde! ¡Puede que se levanten a las seis de la mañana para llegar al trabajo a las nueve, pero a las diez con quince siguen buscando las llaves del auto o la cartera!

Algunas personas siempre están ocupadas.

Otras siempre son estafadas por vendedores, empresas telefónicas, ex novias o parientes que ya nunca ven.

¿Alguna vez conociste a una mujer que dijera: "Siempre termino saliendo con patanes"? Es como si tuvieran un radar para encontrar personas mal educadas, egoístas, flojas y luego se casan con ellas.

Algunas personas comienzan una nueva relación cada seis semanas.

ANDREW MATTHEWS

"Necesito espacio."

Para obtenerlo, tienes que sentirlo.

Algunas personas hacen amigos donde se encuentren. Algunas personas hacen dinero dondequiera que se encuentren.

Algunas personas se divierten en cualquier parte. Algunos jugadores de futbol están siempre cerca de la pelota.

Hay quienes siempre caen de pie. Su patrón dice: "Las cosas siempre funcionan." ¡El auto de Ted se descompone en medio de la nada, un extraño le da un aventón y termina ofreciéndole empleo!

Los patrones subconscientes son la causa de que la historia se repita. Así que, por ejemplo, Mary siempre consigue empleos maravillosos, pero nunca encuentra novios fieles. ¡Bill nunca se enferma, pero siempre lo corren de sus trabajos!

Nada de esto es coincidencia. Cada uno de nosotros atraemos —y creamos— las experiencias de vida por medio de nuestros programas subconscientes.

Dices: "Si tus patrones subconscientes crean tu vida, habría gente feliz que navega de una aventura a otra y personas miserables que van dando tumbos de desastre en desastre."

"¡Y algunas personas se harán cada vez más ricas, en tanto que otras se harán cada vez más pobres!"

Y así son las cosas. Así han sido siempre.

En una cáscara de nuez
La vida se desenvuelve de adentro hacia fuera.

Las buenas noticias
He aquí las buenas noticias: tú no eres tus patrones y PUEDES CAMBIARLOS.

Para que la vida mejore, no debes adentrarte en cómo creaste tu pasado. No necesitas preocuparte de qué hiciste "mal".

Sólo necesitas comprender que ayudaste a crearlo y ahora debes pensar y sentir distinto.

"Me duele la cabeza."

Cómo nos vemos
a nosotros mismos

4

Si hicieras una encuesta a la gente que va a un centro comercial y les preguntaras: "¿Eres generoso?", hasta los que nunca han dado un centavo para la caridad ni para nada te dirán: "Claro que soy generoso." ¡Nadie se considera malo!

Pregunta a cualquiera: "¿Tienes sentido del humor?" ¡Todo mundo lo tiene! ¿Cuándo fue la última vez que conociste a alguien que dijera: "No sé qué es gracioso"?

¡Y todos los tipos piensan que manejan de maravilla!

Nos vemos como queremos vernos.

Así que si preguntas: "¿Eres positivo?", la mayoría de la gente considerará que es positiva. Dicen cosas como: "Soy optimista. ¡El estúpido de mi esposo es el del problema!"

> *"Soy optimista. ¡El estúpido de mi esposo es el problema!"*

La gente negativa no se considera negativa. Piensa que es *realista*.

La mayoría de nosotros crecimos en familias con padres preocupados que nos enseñaron a preocuparnos. Nos dijeron qué era lo que no podíamos tener, lo que no podíamos hacer y lo que nunca lograríamos. Las noticias de la noche confirmaban que el mundo es un sitio peligroso.

¿Cómo diablos dejar de temer para convertirnos en espíritus libres?

En una cáscara de nuez
Para la mayoría de nosotros, lo negativo se vuelve normal.

Ratas negativas

Muchas personas parecen ser felices y positivas, pero nunca conoceremos sus pensamientos más íntimos. ¿No es verdad que a veces descubrimos, para nuestra sorpresa, que un vecino o pariente fue aquejado durante años por la depresión, la culpa o el sufrimiento?

Los pensamientos negativos son como ratas. Llegan en grupos. Se presenta una y poco después, en un santiamén, ya se han adueñado del lugar.

ANDREW MATTHEWS

EJEMPLO: Tomas una llamada de un cliente grosero en el trabajo. Tu primer pensamiento es: "Odio a la gente grosera."

Después viene tu siguiente pensamiento negativo: "¡En este trabajo *estoy rodeado de gente grosera!*"

Y tu siguiente pensamiento negativo: "En este trabajo estoy rodeado de gente grosera *y me pagan poco.*"

Y el siguiente: "En este trabajo me rodea gente grosera, me pagan poco *y no me aprecian lo suficiente.*"

Y luego: "En este trabajo estoy rodeado de gente grosera, me pagan poco, no me aprecian lo suficiente y, *ahora que lo pienso bien, tampoco me aprecia mi esposo.*"

Ahora las ratas llegan en bandada: "En este trabajo estoy rodeado por gente grosera, me pagan poco, no me aprecian y mi marido tampoco lo hace *y hoy tengo que preparar la cena. ¿Por qué no puede poner de su parte? Mi madre siempre me dijo que estaba cometiendo un error serio. Y me duele la cabeza. ¡Tal vez sea un tumor!*"

¿Te suena familiar? Una sola rata puede convertirse en una plaga. Necesitas una estrategia de exterminio, y he aquí la mejor estrategia que conozco para librarte de las ratas. En cuanto tengas el primer pensamiento negativo, pregúntate: "¿Qué de bueno tiene esto?"

¿Qué de bueno tiene el confrontar a la gente grosera?

- "Forjo mi carácter y mi paciencia."
- "Desarrollo habilidades sociales que me serán útiles en mi siguiente trabajo."
- "La gente grosera de mi trabajo me ayuda a apreciar a mi esposo."

También podrías decir: "Seamos realistas." HE AQUÍ UN ESCENARIO REALISTA:

- Las cosas malas suceden.
- La gente feliz tiene el hábito de decir: "¿Qué de bueno hay en esto?"

Te rompes la pierna. "¿Qué hay de bueno en esto?"

- "Puedo descansar."
- "Aprenderé a entender a la gente enferma."
- "Leeré grandes libros."

Tu novia te corta. "¿Qué hay de bueno en ello?"

- "Puedo ahorrar dinero."
- "Veré más a mis amigos."
- "Puedo ver todo el futbol que quiera."

En una cáscara de nuez

Un pensamiento negativo atrae a otro. Un pensamiento positivo atrae a otro. Antes de que comience la plaga, pregúntate qué de bueno hay en el asunto.

"¡He tratado de ser positivo y no funciona!"

Fred ha vivido 20 años de hamburguesas, donas y Coca Cola. Está excedido de peso y se siente exhausto.

Descubre un libro que dice: "Lo que metes a tu boca sí importa." Compra algunas zanahorias y frijoles. Come ensalada durante cuatro días.

Después de cuatro días, Fred dice: "¡No me siento mejor y siempre tengo hambre!" Fred vuelve a las hamburguesas.

Como casi todos sabemos, cuatro días de ensalada son un buen comienzo, ¡pero no pueden revertir veinte años de comer basura!

Sucede lo mismo con nuestro pensamiento.

Mary ha vivido veinte años con la cabeza llena de pensamientos basura: "Soy inútil. Odio mi vida. Odio mi trabajo. Nunca podré pagar mis deudas."

Ella tiene algún pensamiento positivo ocasional: "Amo a mi perro", pero el resto del tiempo suele pensar cosas como: "La vida es dura y después te mueres."

Entonces lee un libro inspiracional que dice: "Te conviertes en lo que piensas." Trata de imaginarse feliz y exitosa. Se dice a sí misma: "Gozo de la abundancia. Soy una ganadora."

Se aferra al pensamiento positivo por cuatro días. (Su marido piensa que se ha unido a un culto extraño.)

Después de cuatro días mira la pila de facturas sin pagar y dice: "Mi vida no ha mejorado." Se da por vencida. "Fue demasiado difícil y es ridículo."

He aquí el punto: no puedes arreglar una vida entera de comer porquerías en unos cuantos días, y no puedes arreglar una vida de pensamiento basura en unos pocos días o en algunas semanas.

Antes de desechar la idea de que la calidad de nuestros pensamientos crea la calidad de nuestra vida, debemos preguntarnos: "¿He probado esto a conciencia?"

En una cáscara de nuez

Te conviertes en lo que piensas. Pero muchas personas se dan por vencidas demasiado pronto. También podríamos hacernos la siguiente pregunta: "¿Qué es un pensamiento?"

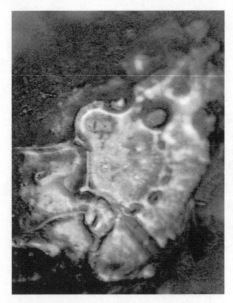

Agua contaminada de la presa Fujiwara.

La misma agua después del rezo de un monje budista.

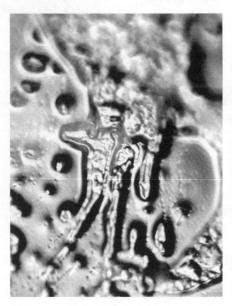

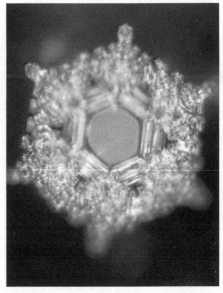

"¡Me desagradas!"

"Amor y gratitud."

¿Qué es un pensamiento?

5

Podrías decir: "Si alguien pudiera demostrar que mis pensamientos crean mi realidad, entonces sería cuidadoso con lo que pienso. Si alguien pudiera demostrar que el pensamiento afecta la materia..."

Pues bien: un investigador japonés que conozco lo ha estado demostrando durante años.

El doctor Masaru Emoto ha pasado décadas estudiando el agua. La congela y luego fotografía los cristales de hielo en un microscopio de campo oscuro. He aquí lo fascinante: habla al agua antes de congelarla y los cristales de hielo responden a su conversación.

A una jarra de agua le dice: "Te amo", y a otra jarra: "Eres horrible." El agua que es apreciada forma cristales exquisitos altamente organizados, como joyas. Y el agua criticada se cristaliza adquiriendo formas horribles.

> *Aquí tenemos evidencias contundentes de que tus pensamientos afectan al mundo que te rodea.*

Ya esto suena a ciencia ficción, pero las cosas se tornan aún más sorprendentes. El doctor Emoto ha demostrado que ni siquiera tienes que hablarle al agua para influir en los cristales. Basta con pensar una palabra —y mandar ese pensamiento al agua— para que los cristales de hielo reflejen la calidad de tus pensamientos.

Y las cosas se ponen más locas. Ni siquiera tienes que *enviar un pensamiento*. Simplemente puedes escribir una palabra a un lado de la jarra, congelar el agua y observar resultados similares. Las palabras de amor, ánimo y gratitud producen cristales que roban el aliento. Las palabras de odio y crítica producen formaciones muy diferentes.

Emoto ha experimentado con la escritura de todo tipo de palabras en las jarras: *gratitud, esperanza, odio, cocina casera, comida de conveniencia*. También ha utilizado diversas lenguas y obtiene los mismos resultados. Pone música —Beethoven, Mozart y *heavy metal*— al agua y fotografía los cristales. Las ilustraciones que aparecen en la página anterior fueron seleccionadas entre cientos de las que aparecen en sus libros y en su sitio web: www.masaru-emoto.net.[5] El doctor Emoto ha compartido su investigación en las Naciones Unidas. Sus libros han sido traducidos a más de cuarenta lenguas. Sus descubrimientos constituyen una ilustración sorprendente de cómo funciona nuestro mundo. Aquí tenemos evidencias contundentes de que tus pensamientos afectan al mundo que te rodea.

Las investigaciones de Emoto han sido apoyadas por otras. El profesor asociado de la Universidad McGill, Bernard Grad,[6] quien examinó el agua después de haber sido "tratada" por personas con habilidades curativas, descubrió que había un "*cambio fundamental* en la unión del hidrógeno y el oxígeno en el entramado molecular". Investigaciones rusas[7] apoyan los hallazgos de Grad.

ANDREW MATTHEW

Podríamos hacer una lista con cualquier cantidad de experimentos que han llegado a resultados semejantes, algunos metiendo personas en cajas de acero, o usando plantas psíquicas o conejos bebé en submarinos. Hasta Albert Einstein condujo sus propios experimentos para explorar el fenómeno de la comunicación remota. Él acuñó la frase "Acción fantasmal a distancia".

La vieja realidad

Preguntas: "¿Qué dice la ciencia del trabajo del doctor Emoto y de Grad?" En su mayor parte, ¡pretende que estas cosas no suceden!

Aquí está el problema: la ciencia moderna se apoya en el científico más grande de la historia, *sir* Isaac Newton, quien formuló leyes del movimiento y la gravitación, y aportó nuevos conocimientos para la comprensión de las matemáticas, la mecánica, la astronomía y más.

También realizó muchos experimentos para demostrar la influencia de la mente sobre la materia.

Pero parte de este trabajo se perdió en un incendio en su laboratorio, y otra parte ha sido malinterpretada. La ciencia moderna ha ignorado por completo las conclusiones de Newton sobre la naturaleza del pensamiento.

La ciencia ha utilizado *sólo una parte* del trabajo de Newton para concluir que el universo opera como una máquina gigantesca. Esta visión del cosmos se conoce como "modelo newtoniano", y nos aferramos a ella durante 400 años.

La aprendiste en la escuela: tus maestros te mostraban diagramas de átomos y te dijeron, a) que los átomos eran como los ladrillos de todo, b) que todo puede medirse y c) que el pensamiento no tiene efecto en el mundo físico.

Pero Newton era un estudioso de la sabiduría antigua. La idea de un universo mecánico que no es afectado por la oración o el pensamiento humano —justo lo que se le atribuye a Newton— resulta en un modelo muy conveniente, ¡PERO NEWTON NO ESTARÍA DE ACUERDO CON ÉL! Y este modelo no puede explicar los cristales del doctor Emoto.

Ahora sabemos que algunas cosas no pueden medirse y que el universo no es como una máquina.

La nueva realidad

Ahora tenemos microscopios que nos permiten ver *dentro* de los átomos y nos han dado grandes sorpresas. Descubrimos que:

- Los sólidos y pequeños átomos *no son sólidos en realidad*. Son, de hecho, paquetes de energía.
- Estos paquetes de energía *aparecen y desaparecen*.
- Una sola partícula puede estar en dos lugares distintos al mismo tiempo. ¡Es correcto! La misma molécula puede estar en tu cocina y en tu recámara precisamente en el mismo instante.

Éste es el mundo de la física cuántica. No existe la llamada "materia sólida". Como dijo el astrofísico, *sir* Arthur Eddington: "Las cosas del mundo son cosas de la mente."[8]

¿Y qué significa todo esto?

Si estás batallando para pagar las cuentas o si te enfrentas a la varicela, ¡el mundo parece bastante real! Casi todos podrían sugerir que las multas por estacionarte en lugar prohibido y los virus son *cosas reales*, y que los pensamientos y sentimientos son *menos reales*.

¿Así que por qué alguien podría pretender que los pensamientos afectan a las cosas?

Porque el universo no es como una gran máquina; es mucho más parecido a un gran pensamiento. Pero he aquí lo extraordinario: la gente habla de física cuántica en una clase de ciencias o en una cena, pero más allá de eso, la mayoría pretende que la física cuántica no existe.

¡La loca idea del New Age en el sentido de que todo es conciencia resulta ser ciencia de avanzada! Tú eres conciencia, todo lo que te rodea es conciencia y tu manera de pensar y sentir determina lo que obtienes.

Podrías decir: "De acuerdo, así que todo lo que conocemos está hecho de la energía del pensamiento. PERO mis pensamientos son sólo una pequeña colección de energía en esta sopa gigante de pensamientos que llamamos Cosmos. ¿Cómo es posible que *mis pensamientos* interactúen con *todo lo que existe* para crear mi experiencia de vida?"

El universo es un sistema de energía que constantemente se pone en equilibrio. Tú eres parte de él.

Cada vez que tienes un pensamiento: "Quiero un nuevo trabajo", "puede que me dé gripe", "nunca tengo suficiente dinero", "todo saldrá bien"; alteras el equilibrio. El equilibrio se restablece a sí mismo cuando tus pensamientos se materializan.

En una cáscara de nuez

Los pensamientos son cosas reales. Los pensamientos cambian las situaciones.

¿De la nada? ¡Sé lógico!

Dices: "¡Pero espera! ¿Cómo puede lo sólido materializarse a partir de lo invisible?"

Bien. En primer lugar echemos un vistazo a cómo es que el universo llegó aquí. La mayoría de la gente cree en una de tres posibilidades:

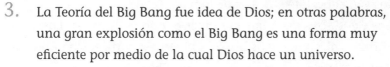

1. Dios hizo el universo de la nada y no sabemos cómo.

2. El universo explotó de la nada: Teoría del Big Bang.

3. La Teoría del Big Bang fue idea de Dios; en otras palabras, una gran explosión como el Big Bang es una forma muy eficiente por medio de la cual Dios hace un universo.

Dices: "¿De la nada? Seamos lógicos."

Bueno, los científicos son lógicos. ¿Así que cuál es la postura del profesor Stephen Hawking, el más celebrado cosmólogo del mundo, en relación con la creación de sólidos a partir de la nada? Él dice:

Es larga la historia de la materia sólida que aparece de la nada.

Pero sin duda, el hecho más destacado de todos es que el enorme universo entero, todas las innumerables galaxias y hasta el tiempo y el espacio y las fuerzas mismas de la naturaleza, simplemente se materializaron de la nada.[9]

Hawking dice que todo surgió del vacío como si éste fuera un horno hirviente de hidrógeno. Eventualmente, esta energía pura se enfrió conformando incontables partículas subatómicas y se convirtió en el universo que conoces —incluyendo a la Tierra y la Luna, los Himalaya, tus pestañas, el oro de tu argolla de matrimonio, cien mil millones de galaxias y el chocolate belga—, de la nada.

Los científicos dicen que el universo vino de la nada. Las personas espirituales dicen que dios hizo el universo a partir de la nada. La historia de lo visible que aparece de lo invisible es larga.

Tú dices: "¡Pero eso no es lógico!"

Nada en el Cosmos es lógico. Nada sobre la vida misma es lógico.

Vivimos en un universo en constante expansión. ¿Qué tan lógico es eso? ¿Y dentro de qué se expande el universo? ¿En un espacio que ya está ahí o en un espacio que no lo está?

¿Y qué constituye el límite del universo? ¿Una barda?

En una cáscara de nuez

El universo no es lógico. Es mágico.

Obtienes lo que sientes

6

**El pensamiento y los sentimientos tienen su propia energía
magnética, que atrae energía de naturaleza similar... Éste es
el principio que afirma que cualquier cosa que pongas en el
universo se reflejará en ti.**

**Esto significa, desde un punto de vista práctico, que siempre
atraemos a nuestra vida aquello en lo que más pensamos, en
lo que más creemos, lo que esperamos al nivel más hondo o
lo que imaginamos más vívidamente.**[10]

Shakti Gawain

Estaba sentado en un avión esperando a despegar del aeropuerto Hobart.
Fuimos retrasados por una última pasajera
que llegó jadeando y con la apariencia de
estar bastante enojada.

Cuando nos sentimos felices, atraemos cosas positivas

Cuando vio que alguien había puesto su
maletín negro, pesado y grande en el espacio arriba de su asiento, se enojó todavía
más. Cuando descubrió que no había espacio para su equipaje de mano en el espacio designado, comenzó a lucir seriamente afectada.

Y así de alterada tuvo que viajar durante todo el vuelo, con su equipaje de mano entre los pies, irritada por el maletín ofensor.

Podrías adivinar el resto de la historia a partir de este punto. Aterri-
zamos; el dueño del maletín se puso de pie, se estiró para alcanzarlo
hasta el compartimiento y lo dejó caer en su cabeza.

¡PUM! Cuando SIENTES que la vida está contra ti, lo está.

Atraemos a personas y circunstancias que coinciden con nuestra forma de sentir. Cuando nos sentimos felices, atraemos circunstancias
positivas, y cuando nos sentimos descontentos y enojados, atraemos
sucesos que nos hacen sentir peor.

Las reglas del juego

Imagina que participas en un juego de pelota pero no conoces las reglas y otros jugadores no dejan de saltarte en la cabeza.

¿No te sentirías como una víctima? ¿No decidirías algo como: "¡Es injusto! ¡Ya no quiero jugar!"?

Pero si en ese momento alguien te explicara las reglas: "Cuando tienes la pelota cualquiera puede brincarte en la cabeza", ¡vaya que te sería útil!

El juego de la vida es parecido. Debes conocer las reglas, éstas son: CUANDO TE SIENTES MAL, LA VIDA TE SALTA EN LA CABEZA. Siempre que irradias pensamientos como "no tengo remedio", "estoy enojado, frustrado, celoso, asustado", "soy una víctima", la vida se ensaña contigo.

ANDREW MATTHEWS

No es de extrañar que haya gente que decide que la vida es injusta y ya no quiere jugar. Cuando eres feliz, la vida y la gente te recompensa de maneras inesperadas. Cuando estás estresado, enojado o te sientes víctima, la vida te patea los dientes.

¿Cuándo te pasa que te machucas el dedo, te muerdes la lengua o te pegas en un dedo del pie? ¿Sucede en los días en que te sientes de maravilla? No, sucede cuando estás frustrado y enojado contigo mismo.

¿Cuándo pierden tu equipaje las aerolíneas? ¿En los días en que estás feliz y te sientes emocionado o más bien al final de un viaje largo, cuando te sientes exhausto y a punto de pescar una gripe?

¿Qué es primero? ¿Los pensamientos? ¿Los sentimientos?

Por lo regular, parece, los pensamientos crean sentimientos, un poco como los ingredientes crean el pastel.

- Toma un pensamiento: "Mi esposo siempre deja sus latas de cerveza vacías en la mesita para el café", y lo combinas con: "Nunca advierte mi nuevo corte de pelo", dejándolo reposar durante la noche junto a un: "No puedo dormir por sus constantes ronquidos": has creado un sentimiento de enojo.
- Toma un pensamiento: "Tengo suerte de tener empleo", mézclalo con: "La mayoría de los días son buenos" y espolvoréalo con: "La vida está mejorando": has creado un sentimiento de felicidad.

Los *pensamientos* en tu cabeza se convierten en un sentimiento para tu corazón. He aquí las buenas noticias: cambiar tus pensamientos puede cambiar tu forma de sentir.

Pensamientos negativos

Tengo más buenas noticias: algunos pensamientos negativos no arruinarán tu vida.

Llegas a tener hasta 50 mil pensamientos por día. Entre esos 50 mil pensamientos, algunos son un poco negativos.

Esos pensamientos raros no te harán rico o pobre, feliz o miserable. Pero otra cosa es tener muchos de esos pensamientos.

Muchos pensamientos semejantes —por ejemplo, muchos pensamientos felices o muchos del tipo "la vida es una porquería"— se convierten en un sentimiento que puede durar todo el día, una semana o una vida entera.

Atraemos lo que sentimos

Una mañana de 2004, mi esposa Julie y yo tuvimos un desacuerdo. Dije algo inapropiado que la puso furiosa. No recuerdo qué dije, pero en veinte años jamás la vi tan enojada.

Cuando Julie tomaba sus llaves y salía a su cita, recuerdo que pensé: "¡Nadie que esté tan enojado como Julie debería estar cerca de un automóvil!"

Ni siquiera habían pasado diez minutos cuando ella estaba parada en una intersección, perfectamente quieta. Una camioneta se acercó al crucero a alta velocidad, perdió el control y se estrelló contra el auto de Julie. Gracias a Dios resultó ilesa.

Julie pronto descubrió que la camioneta era conducida por otra dama muy enojada.

Entonces te preguntas:

- ¿Pensaba Julie en un accidente automovilístico? ¡No!
- ¿Quería Julie el accidente? ¡No!
- ¿Estaba ella experimentando una emoción negativa intensa? ¡Sí!
- ¿Tuvo una experiencia intensamente negativa que hizo juego con sus sentimientos? ¡Absolutamente!

Piensas: "Pero el auto de Julie ni siquiera se estaba moviendo. ¡No fue su culpa!"

Pregunta a Julie y admitirá que ella creó la experiencia. Te dirá que su cabeza estaba llena de pensamientos tipo: "Hoy es un día espantoso", y que la vida le entregó una experiencia afín. Eres un imán. Tu manera de sentirte respecto a ti mismo determina la calidad de tu experiencia.

Dices: "¿Significa eso que todos los que están enojados en un auto tendrán un accidente?" No. Significa que estás lleno de energía que dice: "La vida apesta", por lo que la vida te entregará experiencias acordes. Y si estás manejando un auto en ese momento, es más probable que sufras un accidente.

Si tienes sentimientos de tensión intensa donde afirmas que la vida es injusta, que eres castigado por personas que son irresponsables, entonces la vida te dará una experiencia acorde con ese sentimiento. Puede tratarse de un accidente, de una enfermedad o alguna otra cosa desagradable.

Los pensamientos que te hacen sentir bien atraen experiencias agradables. Los pensamientos de ira, como aquellos que nos hacen sentir víctimas, atraen experiencias de baja energía. No puedes determinar la naturaleza exacta de todas tus experiencias por medio de tus sensaciones —con quién te encuentras y qué pasa exactamente—, pero sí determinas la CALIDAD de tus experiencias.

En una cáscara de nuez

Cuando te sientes enojado o deprimido y te preguntas: "¿Qué más puede salir mal?", la respuesta es: "¡Muchas cosas!"

Una vida mágica

> Un cambio de sentimiento es un cambio de destino.[11] *Neville Goddard*

¿Alguna vez te sucedió algo así?

- Fuiste a un seminario inspirador.
- Leíste un libro que te animó.
- Te uniste a una iglesia.
- Te enamoraste.

Te sentiste tan bien. La vida era diferente, casi mágica. Era como si estuvieras comenzando un capítulo enteramente nuevo. Eras optimista. Los retos eran fáciles de enfrentar, tenías más energía y la gente era más agradable. Quizá pensaste: "Así será mi vida de ahora en adelante."

Te sentiste así durante tres semanas. Luego, gradualmente, las cosas volvieron a lo normal. ¿Qué sucedió? ¿Te estabas jugando una broma? ¿Fuiste engañado?

No fue así. Simplemente *te estabas sintiendo* mejor y tus sentimientos de mayor felicidad crearon circunstancias más felices. Pero entonces tu nivel de energía se vino abajo —tal vez sufriste una o dos desilusiones— y volviste a la normalidad.

Sin embargo, algunas personas nunca regresan a ese viejo estado de *normalidad*. Comienzan un nuevo capítulo en su vida y crean una nueva normalidad.

- No dejan de leer libros inspiracionales.
- Tratan con gente positiva.
- Desarrollan una fe inquebrantable.
- Se enamoran con más hondura.

En otras palabras, siguen SINTIÉNDOSE bien. Y así se convierten en una de esas personas que viven una vida de encanto, que convierten la derrota en victoria y siempre conocen a la gente indicada en el momento indicado.

En una cáscara de nuez

No se trata de *cuánto sabes* sino de *cómo te sientes*.

Lograr el sentimiento

Para obtener lo que quieres, primero debes tener la sensación de lo que quieres, como si ya lo hubieras obtenido. Puedes preguntarte: "¿No es eso igual a la oración?"

Puede serlo, pero por lo regular no lo es.

La mayoría de nosotros aprendimos a orar de forma distinta, por ejemplo: *"Dios, soy un pobre pecador y mi vida es un desastre. ¿Por favor puedes arreglarla?"* Esta forma de hacer las cosas no suele funcionar y ahora sabemos por qué. Si estás lleno de sentimientos de desilusión e impotencia, y crees ser una mala persona, creas más experiencias acordes con esa situación.

Perdido en la traducción

Así que preguntas lo siguiente: "¿Si la forma más poderosa de oración consiste en sentir el sentimiento de lo que se pretende obtener, ¿por qué no se menciona el asunto en las enseñanzas cristianas?"

Se mencionaba, pero la enseñanza fue diluida y se perdió en la traducción. Por ejemplo, en la versión moderna y condensada de la Biblia del Rey Jacobo, en el versículo Juan 16:24, leemos: "Pedid y recibiréis para que vuestro gozo sea completo."

¿Qué se perdió?

Compara esto con el texto original: "Pide sin tener motivos ocultos y permanece rodeado por tu respuesta. ENVUÉLVETE EN LO QUE DESEAS, y que tu alegría sea plena."[12] En otras palabras, siente lo que deseas a tu alrededor, como si ya se hubiera completado tu petición.

Las culturas tradicionales de todo el mundo reconocen el poder del sentimiento. Los indios navajo comprenden que no basta con *desear* la lluvia. Tienes que SENTIRLA. Debes agradecer que haya llegado.

Los monjes tibetanos budistas saben que la forma más poderosa de oración es rezar SINTIENDO QUE LA ORACIÓN HA SIDO ATENDIDA.

En su libro, *Secrets of the Lost Mode of Prayer*, Gregg Braden[13] describe su experiencia en las montañas del Tíbet. Braden quería saber lo siguiente: "¿Qué sucede cuando los monjes rezan?" ¿Qué pasa cuando cantan? ¿Por qué usan los gongs, las campanas y los mantras?" En un monasterio de piedra helado a 4 267 metros de altitud, Braden pregunta al abad: "¿Qué hace usted... qué está sucediendo en su interior cuando vemos sus oraciones?"

El monje respondió: "Lo que ves es lo que hacemos para crear el sentimiento en nuestros cuerpos. ¡El sentimiento es la oración!"

El sentimiento es la oración. Así funciona la vida.

¿Por qué razón los musulmanes, hindúes, budistas, cristianos y judíos —sin importar si son fundamentalistas, ortodoxos, heterodoxos, carismáticos, neocarismáticos o metrosexuales— creen en la oración?

Porque no se trata de tu propia marca particular ni de tu facción religiosa, y tampoco tiene que ver con tus palabras. La clave está en el sentimiento.

Cuando tu sentimiento coincide a la perfección con tu meta —o, para decirlo de otro modo, cuando queda eliminada toda duda—, la meta te pertenece.

En algunos momentos de mi vida pensé: "Si sufro lo suficiente, tal vez Dios —si es que Él está ahí arriba— se apiade de mí. Tal vez decida enviarme un millón de dólares."

No sucedió.

En su mayoría, según me pareció, los tipos que recibían un millón de dólares eran los que ya lo tenían: *"Porque al que tiene, se le dará más y tendrá en abundancia."*[14]

Afirmaciones

Las afirmaciones son frases positivas que nos repetimos una y otra vez. Probablemente has escuchado algunas como: "Soy un imán para el dinero", o "cada día mejoro más y más y más en todos los sentidos".

Algunas personas exaltan su efectividad. Otras dicen que son una pérdida de energía. ¿Cómo es esto?

Sucede porque no son las palabras lo que importa; es el sentimiento. Las afirmaciones sin el sentimiento SON inútiles; lo mismo daría si cantaras números telefónicos.

Pero si puedes sentir tus afirmaciones, si puedes decirte regularmente cosas como: "Tengo todo lo que necesito", "mi vida mejora", "soy amado y soy amable", "soy saludable", "soy rico", y las sientes, y las crees, la vida mejorará.

Primero obtén el sentimiento

Crecemos con la creencia: "Cuando las cosas mejoren, ENTONCES me sentiré mejor." Suena razonable, pero constituye el camino lento a los resultados, e implica trabajo duro.

"¡Justo cuando pensé que había encontrado a mi pareja ideal, terminó por convertirse en una Experiencia de aprendizaje!"

- Trata de arreglar una relación cuando te sientes mal por ella.
- Trata de hacerte rico cuando te sientes pobre.
- Trata de tener éxito en un trabajo que odias.

¿Cuándo comienzas a salir de cualquier lío realmente? Sucede cuando comienzas a sentirte esperanzado.

PRIMERO llega una chispa de esperanza. Luego, tal vez recibes un poco de aliento de un amigo. Empiezas a sentirte mejor. Lees un libro. Das una larga caminata. Te sientes aún mejor. Te llega un poco de inspiración. Llega más gente que te ayuda. Ya estás en camino.

Pero antes, necesitas esa chispa de esperanza, una pequeña chispa de fe. Sólo entonces empiezan a mejorar las cosas. Todo sucede DESPUÉS de empezar a sentirte mejor.

En una cáscara de nuez

La experiencia sigue al sentimiento. El sentimiento es la oración.

Encontrar a la persona correcta

¿Qué hacen muchas personas cuando buscan amor? Se la pasan en bares sórdidos bebiendo más de lo que desean. Los resultados suelen ser decepcionantes. Mary explica: "¡Justo cuando pensé que había encontrado a mi pareja ideal, terminó por convertirse en una Experiencia de aprendizaje!"

No tienes que pasarla en bares ni impresionar a nadie.

La gente que vive relaciones felices te dirá lo siguiente: "Siempre supe que había alguien para mí." Lo sintieron.

Tu misión es SENTIRTE amado —no DESEAR serlo, sino SENTIR QUE TIENES EL AMOR EN ESTE MOMENTO—, imaginando tu relación perfecta y siendo amable contigo mismo.

Cuando empiezas por el sentimiento, el universo comenzará a organizarse a tu alrededor. Surgirán oportunidades. Déjate llevar por la corriente.

Cuando finalmente sabes que la pareja correcta está ahí y dejas de desesperarte por su llegada, la persona indicada entrará a tu vida. Nadie podrá evitarlo.

En una cáscara de nuez
Si quieres ver que suceda, primero necesitas sentirlo.

¡Relájate!
A mediados de la década de 1980, di un curso de relajación durante un fin de semana. Durante dos días y medio, los asistentes aprendieron también a gustarse un poco más.

He aquí lo que me sorprendió: durante las semanas siguientes al curso, la gente reportó toda suerte de sucesos maravillosos. "¡Mi dolor de espalda ha desaparecido!" "Mi jefe es más amigable." "Me acaban de ascender." "Mi familia es más considerada." "Mi esposo es más cariñoso." "¡Mejoré sustancialmente en el golf!"

Así que les pregunté: "¿Qué visualizaste para que esto sucediera?" Y ellos solían responder que nada.

Año tras año la historia fue la misma en la mayoría de los asistentes. Me pregunté: "¿Por qué todos reportan resultados tan positivos?" ¡Se limitaron a relajarse y a sentirse mejor!"

Eres una compleja pelota de energía. Tu pelota de energía incluye todo pensamiento, deseo y temor que has tenido en tu vida. Tu energía está creando tu vida momento a momento. No te ocupes de todo, pero sí deja de luchar y de preocuparte para que así puedas relajarte.

En una cáscara de nuez
Cuando nos sentimos mejor, suceden cosas mejores.

"¿Qué pasa si no puedo sentirme mejor?"
Dices: "¿Cómo puedo sentirme grandioso cuando me siento terrible?" No puedes hacerlo. No tienes que hacerlo. Sólo da un paso a la vez.

Si ordenáramos las emociones de acuerdo con lo que es positivo, colocando las más positivas en primer lugar, obtendríamos una lista parecida a la siguiente:

10. Amor y alegría.
9. Felicidad.
8. Optimismo.
7. Sentirse contento.
6. Pesimismo.
5. Desilusión.
4. Preocupación.
3. Ira.
2. Odio y venganza.
1. Temor y aflicción.

Entonces te preguntas: "¿Cómo pasar del temor a la alegría?" De la misma forma en que pasas de la primera velocidad a la décima en una bicicleta, o de la primera a la quinta en tu auto. Sólo pasas a la siguiente velocidad.

> *Si puedes sentirte un poco mejor hoy y un poco más mañana, con eso basta.*

No pasas del odio a la alegría en una sola noche, pero pasas del odio al enojo, y el enojo se siente mejor que el odio. Estamos progresando.

Así funciona la vida: un paso a la vez, escalón por escalón. No pasas de ganar 30 mil dólares al año a 300 mil, pero puedes ganar 40 mil y luego 60 mil y así en adelante. Es como ganar músculos, hacerse saludable o aprender un nuevo idioma.

Si puedes sentirte un poco mejor hoy y un poco más mañana, con eso basta.

No parece justo

Dices: "¿Qué sucede si estoy enfermo o si padezco dolor? ¿Esperas que me sienta feliz y positivo? ¡No es justo!"

Tal vez no sea justo, pero estamos ante una ley de vida: *para que tus circunstancias mejoren, primero debes ser más positivo.*

A las leyes no les importa lo que pienses de ellas. Sucede lo mismo con la gravedad: si te tropiezas con el gato y te rompes el brazo, puedes alegar que la gravedad no es justa, pero a la gravedad no le importa.

Podría parecer un giro cruel: "¿Por qué SENTIRME exitoso o amado antes de SER exitoso o amado?" Al parecer es una forma extraña de conducir el universo, pero he aquí la explicación que dan los maestros espirituales: *Eres parte de todo. Nadie te impide tener nada. Dios no impide que tengas nada. Ya tienes todo lo que quieres pero no lo sabes. El único impedimento está en TUS CREENCIAS.* Cuando cambias tus creencias —y dado que todo es vibración, nos referimos al momento en que cambias tu vibración— tus metas comienzan a concretarse ante tus ojos.

La undécima hora

¿Te has fijado en que las cosas se ven más desoladoras justo antes de mejorar? El empresario se queda sin un céntimo justo antes de lograr el contrato importante. El atleta lastimado está a punto de retirarse, pero lo intenta por última vez y gana la medalla de oro.

Lo ves todo el tiempo en las películas porque sucede todo el tiempo en la vida. Existe un principio en funciones. La hora más oscura suele tener lugar justo antes del amanecer. Es casi como si la vida nos pusiera a prueba: "¿Eres una persona seria?"

Mientras mayor sea el objetivo, más oscuras se ponen las cosas.

En una cáscara de nuez
Esta oscuridad que se presenta antes del amanecer es conocida como la *undécima hora*. Pero esta hora undécima es una impostora. Por esta razón, si persistimos, la marejada pasará.

La ley de la atracción

7

Tu mente es como un iceberg: el poder está en la parte que no ves. Cada pensamiento y sentimiento que has tenido está ahí, en tu subconsciente. Esto conduce tu vida.

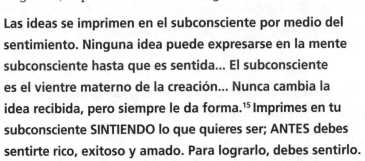

Así que la pregunta es: "¿Cómo programo mi subconsciente para crear y atraer lo que quiero?"

La respuesta que pocas personas conocen —y la razón de la existencia de este libro— es que los SENTIMIENTOS reprograman tu subconsciente. Neville Goddard, un conferencista y autor del siglo XX, explica en su libro *Feeling is the Secret:*

> **Las ideas se imprimen en el subconsciente por medio del sentimiento. Ninguna idea puede expresarse en la mente subconsciente hasta que es sentida... El subconsciente es el vientre materno de la creación... Nunca cambia la idea recibida, pero siempre le da forma.[15] Imprimes en tu subconsciente SINTIENDO lo que quieres ser; ANTES debes sentirte rico, exitoso y amado. Para lograrlo, debes sentirlo.**

Sea cual sea el cambio que quieres lograr en tu vida, primero debes sentirlo. Como dijo Gandhi: "Debemos ser el cambio que queremos ver."

En una cáscara de nuez

Todo comienza en el interior. Buda lo resumió hace 2 600 años: "No eres de este mundo; este mundo está en ti."

Todo tiene una vibración única

Dices: "¡Eso está muy bien para Buda, pero yo quiero una explicación lógica y científica! ¿Cómo es que MIS pensamientos y sentimientos atraen cosas?"

Abordemos con mayor detalle el tema de la vibración.

Hasta para los hombres de las cavernas, resultaba obvio que el sonido era en realidad vibración. Luego, en el siglo XVII comenzamos a entender que la luz es en realidad vibración. Y en el siglo XX —después de que los científicos dividieron el átomo en partículas cada vez más pequeñas— finalmente nos dimos cuenta de que la MATERIA es en realidad vibración. ¡Todo es vibración! Y, por supuesto, la vibración es energía.

Un cacahuate es un cacahuate porque su energía tiene una vibración o frecuencia particular. De modo que también sucede lo mismo en el caso de un diamante, una pluma o una papa frita a la francesa.

Para que funcione la *Ley de la atracción* —o incluso para que la consideremos seriamente— toda partícula de materia en el universo necesitaría tener una frecuencia distinta a la de cualquier otra partícula.

Cada cacahuate necesitaría vibrar de modo distinto en comparación con cualquier otro cacahuate. Cada gorrión, bacteria, billete de lotería o Lamborghini necesitaría una firma única o un "código de barras cósmico", de modo que pueda ser encontrado en la bodega que llamamos universo.

NOTA: *Si no te interesa la ciencia, puedes saltarte los siguientes párrafos y reencontrarme en la sección de "Reacciones en cadena".*

¡Una vibración única para todo lo que hay en el universo! ¿Es esto posible?

De acuerdo con la física cuántica y con el profesor Wolfgang Pauli, sí es posible. Wolfgang Pauli ganó el premio Nobel —y la admiración de Albert Einstein— por su papel en el descubrimiento de una nueva ley de la naturaleza, conocida como el Principio de exclusión de Pauli.[16]

En física aprendemos que todos los electrones tienen tres propiedades: a) nivel de energía, b) espín o giro y c) órbita. Los físicos multiplican el nivel de energía, el giro y la órbita para calcular el "número cuántico" de un electrón.

¡Pauli descubrió que NO HAY DOS ELECTRONES EN EL UNIVERSO QUE PUEDAN TENER EL MISMO NÚMERO!

¿Y eso qué?

Para examinar esta ley, pensemos en una manzana y entre los miles de millones de electrones contenidos en ella, escojamos uno solo. Lo llamaremos Eric, el electrón. El número cuántico de Eric sería increíblemente largo, pero para mantener las cosas simples pretendamos que su número cuántico sea 23.

Pauli probó que en ninguna parte del universo —ni en todas las manzanas de todo el mundo, ni siquiera en una lejana estrella ni en la patilla de un ratón del ártico— puede haber otro electrón con el número cuántico 23.

¡Es como si cada electrón en el universo perteneciera al mismo equipo de futbol, sin que se permita a dos jugadores tener el mismo número!

¿Qué sucede si pulimos la manzana? La fricción añade energía. La energía aumenta el número cuántico de Eric. De pronto, el número cuántico de Eric salta a 26. Se trata del único electrón en todo el universo que tiene un número cuántico de 26 —y no importa si se localiza más allá de la Vía Láctea o si está en tu plato de avena— y cambiará al instante.

Reacciones en cadena

Cuando pules una manzana, besas a tu amante, maldices a tu vecino, perdonas a tu hermano, rascas tu espalda, provocas reacciones en cadena por todo el universo. Cada vez que una de las siete mil millones de personas de la Tierra tiene un pensamiento fugaz, los electrones del cosmos se ajustan.

Nuestro universo se reordena cada milisegundo para ponerse en equilibrio. El profesor Pauli lo probó y ni siquiera se trata de ciencia de altísimo nivel. Pauli ganó su Premio Nobel en 1945.

No somos engranes solitarios en una máquina gigante. Estamos envueltos en una sábana gigante, viva, que respira. Algunos la llaman conciencia.

Si cada electrón tiene una vibración única, entonces todo tiene una vibración única. La ciencia confirma las enseñanzas de Buda, Aristóteles y Jesucristo.

- Todo en el universo está conectado.
- El pensamiento no sólo afecta la materia; el pensamiento es materia.

Esto no es nada nuevo

He aquí las buenas noticias. Has creado aquello que tienes ahora en tu vida. Lo atrajiste con tu vibración. Esto significa que, al cambiar tu forma de sentir, cambias lo que se presenta en tu vida.

Dices: "¿Cómo cambiamos nuestras vibraciones?" Lo hacemos cuando:

- Buscamos cosas buenas todos los días.
- Dejamos de culpar a los demás.
- Dejamos de culparnos a nosotros mismos.
- Dejamos de preocuparnos.
- Vemos lo mejor de la gente.

Puede que notes algo. Esto es lo que los grandes maestros espirituales han enseñado siempre: ¡SÉ AGRADECIDO, PERDONA A LAS PERSONAS, AMA MÁS, CULPA MENOS Y CREE QUE LAS COSAS FUNCIONARÁN! Así es como lograrás convertirte en un imán para todo lo que quieres.

En una cáscara de nuez

De todos esos consejos espirituales que recibimos a lo largo de los años, el que parecía diseñado para castigarnos en realidad nos hace más poderosos.

"¿Qué dice la gente sensible?"

Podrías decir algo como: "Esta idea de que 'Todos estamos conectados y nuestros pensamientos crean nuestra realidad', suena muy New Age. ¿Qué dice la gente práctica al respecto? ¿Qué dicen los hombres de negocios serios?"

Comencemos con el industrial Andrew Carnegie. Usó su comprensión de la mente subconsciente para convertirse en uno de los hombres más ricos del mundo.

En su momento, Carnegie decidió compartir sus estrategias para el éxito, así que comisionó al joven periodista Napoleon Hill para trabajar a su lado y escribir un libro para explicar sus secretos.

Carnegie presentó a Hill a docenas de empresarios, incluyendo a Henry Ford, que *también* comprendía el subconsciente y se convirtió en uno de los hombres más ricos del mundo.

El libro de Hill, *The Law of Success in 16 Lessons*, se convirtió en *Think and Grow Rich*,[17] y sigue siendo un *best seller* internacional ochenta años más tarde. El mensaje central de *Think and Grow Rich* es:

- LO QUE LA MENTE DE UN HOMBRE PUEDE CONCEBIR Y CREER, PUEDE LOGRARSE.
- TE CONVIERTES EN LO QUE PIENSAS LA MAYOR PARTE DEL TIEMPO.

Sin embargo, la mayoría de los millones de personas que leyeron el libro nunca consiguieron hacer realidad todos sus sueños. Existen algunos conceptos en *Think and Grow Rich* que merecen mayor explicación. Por ejemplo: "¿Qué sucede cuando parece que la ley de la atracción se ha roto?"

Cuando la ley de la atracción falla   8

Janice escribió:

Querido Andrew:

Sabía de la Ley de la Atracción mucho antes de que se popularizara en los libros New Age. *Me veía trabajando en una nueva empresa y de algún modo sucedía, casi como por arte de magia y sin esfuerzo. Me veía viviendo en un apartamento imaginario y luego encontraba ese apartamento por accidente.*

Imaginaba espacios para estacionarme en lugares en que hacerlo era casi imposible y se me presentaban. Si quería leer un libro o mirar un video, lo veía en mi mente y algún extraño me lo regalaba milagrosamente, o me lo encontraba en una tienda de objetos usados cuando buscaba muebles.

¡También atraje algunas cosas malas cuando me preocupaba demasiado por lo que no deseaba!

La clave siempre parecía estar en: sé feliz y relájate sabiendo que sucederá. Así es como había vivido la mayor parte de mi vida. También he deseado un millón de dólares, pero nunca me cayeron en las manos.

En tu libro, Follow Your Heart, *tú hablas de cómo atraer cosas. De modo que aquí te tengo mi pregunta: ¿por qué puedo atraer muchas cosas, pero no un millón de dólares?*

> *"¿Por qué puedo atraer muchas cosas, pero no un millón de dólares?"*

¿Hay un límite para esto? ¿Por qué no funciona siempre la Ley de la Atracción? ¿Podría ser que Dios dice "¡No!"? Janice

He aquí lo que me ha tomado treinta años averiguar, y lo que la mayoría de los libros no explican a conciencia.

Cuando la Ley de Atracción *parece* estar rota, suele deberse a que:

- Elegimos una meta que no nos emocionó en realidad.
- Nos atoramos en "reversa", lo que quiere decir que nos concentramos en una CARENCIA.
- Elegimos metas que en realidad no creíamos posibles.

Examinemos estos puntos uno por uno y veamos qué hacer al respecto.

Elige una meta que realmente quieras

La emoción hace que las cosas sucedan rápido. La emoción echa a andar tus sueños.

Los sentimientos de desilusión, celos, aburrimiento o desesperación hacen que la vida se torne muy lenta. Por eso ayuda ser entusiasta respecto a la vida y a nuestros planes.

A veces podemos escoger un objetivo que consideramos emocionante, pero no lo es tanto. Si la meta no es excitante, dejamos de pensar en ella, de manera que no la atraemos.

El ejemplo perfecto es el del millón de dólares.

Cualquiera puede argumentar que un millón de dólares son muy emocionantes, pero en realidad son aburridos. Se trata solamente de un montón de papel. ¿Pasarías tu tiempo pensando en una caja de dinero? No lo harías. Un millón de dólares guardados en el banco parece una buena idea, pero nunca te harán sentir mariposas en el estómago.

Lo emocionante es LO QUE PUEDES HACER con un millón de dólares: puedes crear un nuevo negocio, llevar a tus hijos a Disneylandia, cambiar de casa, comprar a tu hijo una bicicleta de montaña, viajar por el mundo, dejar tu trabajo y estudiar arqueología.

La gente que tiene éxito no sueña con dinero. *Sueña en cómo obtenerlo y en qué hará con él.* Lo sienten hasta los huesos.

Necesitas sentir que esperimentas tus metas. Las fotografías en la puerta de tu refrigerador ayudan. Las de cruceros por Alaska o de tu departamento de ensueño te mantienen emocionado. Las fotografías en tu pared, en el espejo de tu baño, en el teléfono o el protector de pantalla con ese perro especial, caballo, auto, bote, helicóptero, bicicleta o guitarra que deseas, todo eso te mantendrá en el camino.

Concéntrate en lo que quieres

Ahora te presento el punto en que mucha gente —como Fred— se confunde.

Fred dice: "He pensado en mi sueño por veinte años, ¡y nunca ha sucedido!"

Sin embargo, lo más probable es que FRED haya pensado en NO concretar su sueño. Ha estado triste y desilusionado por no realizar su sueño durante veinte años; pero no atraerás nada bueno si estás enojado, triste o desilusionado.

He aquí un ejemplo pequeño de cómo a veces cambiamos nuestro foco de atención de TENER algo a NO TENERLO. Imagina que entras al restaurante de Joe en tu hora de comida.

- Ordenas tu pizza favorita.
- Pasan quince minutos y no hay pizza. ("¿En dónde está mi comida?" Ya estás molesto.)
- Las damas de la mesa aledaña disfrutan ya de su espagueti a la marinara. ("¿Qué? ¡Yo llegué primero!" ¡Ahora estás enojado!)
- Te quejas con el mesero: "¿Qué pasa con mi pizza?"
- Mandas a tu amigo un mensaje de texto: "¡Se olvidaron de mi pizza!"
- Pasan cuarenta y cinco minutos y nada de pizza. Las damas terminan su café y se van. Estás furioso. Tomas tu abrigo y sales abruptamente.

Así que: ¿en qué pensabas mientras esperabas? Dices: "¡Pensaba en mi pizza!", pero no era así. Pensaste en tu pizza durante los primeros quince minutos, después de ese tiempo, pensabas en la FALTA de pizza.

Para tu subconsciente, PIZZA y FALTA DE PIZZA son dos asuntos completamente distintos. YA VIENE LA PIZZA tiene una vibración ligera y feliz, ¡en tanto que OLVIDARON MI PIZZA tiene una vibración pesada e iracunda!

MATTHEWS

De modo que, por lo regular, pensamos que nos concentramos *en lo que queremos* y esperamos que la Ley de la Atracción *haga lo suyo*, cuando en realidad estamos alentando la vibración "NO TENGO PIZZA". Así que *seguimos alejándonos de lo que queremos.*

Entonces, ¿cuáles son las típicas FALTAS de pensamiento?

- Quisiera ser rico.
- Quisiera tener confianza.
- Quisiera tener otro trabajo.
- Quisiera tener un esposo amoroso y atento.
- Quisiera estar saludable.
- ¿En dónde está mi maldita pizza?
-

¿Cómo saber que estas afirmaciones son CARENCIA o FALTA? Porque cuando repites cualquiera de ellas te sientes mal. Y cuando te sientes mal padeces más carencia.

Atorado en reversa

Fred dice: "Pienso en dinero todo el tiempo, pero estoy quebrado."

En realidad, Fred está pensando en NO TENER dinero todo el tiempo. Pensar en la FALTA de prosperidad es justo lo opuesto a pensar en la prosperidad. Fred está atorado en reversa y no lo sabe.

Dices: "¿Importa?" ¡Importa! Más de lo que la gente puede imaginar.

Festín o hambre

¿Qué tan seguido escuchas esto?

Bill trata de obtener veinte empleos en doce meses sin suerte alguna. En cuanto lo contratan, obtiene otras tres ofertas de trabajo. ¿Por qué? Se pasó todo un año concentrado en la falta de trabajo. En cuanto obtuvo uno, su energía pasó de la falta —"nadie me quiere"— a pensar "la gente me quiere". Cuando sientes que te quieren, la gente te contrata. ¡Bingo!

¿O esto? Una pareja intenta tener un hijo durante diez años. ¡Entonces adoptan e inmediatamente ella queda embarazada! Pasaron diez años con la sensación de que no habría bebé. Cuando de pronto sintieron la alegría y la sensación de tener un hijo y luego llegó el ¡bebé!

¿Cómo saber si mi pensamiento está creando buenos resultados?

Es tan simple que resulta ridículo. Si te sientes BIEN cuando piensas en tu meta, estás creando cosas buenas. Si te sientes MAL cuando piensas en tu meta, estás creando algo indeseable.

Imprimes en tu subconsciente tu forma de SENTIR y nada más. Tu misión es SENTIRTE BIEN CADA HORA DEL DÍA. Tu misión es sentirte bien cada vez que piensas en lo que quieres.

Fred dice: "¿Cómo puedes pensar en un millón de dólares y sentirte mal?" Es muy fácil. La mayor parte de la gente lo hace.

En una cáscara de nuez

Cuando te sientes bien estás creando lo que quieres. Cuando te sientes mal, estás creando lo que no quieres.

> Luke Skywalker: "No puedo creerlo."
> Yoda: "Por eso fracasas."[18]

Necesitas creer que es posible

Fred lee uno de esos libros que dice: "Puedes tener, ser o hacer todo lo que quieras." Fred establece su primera meta: una mansión de varios millones de dólares. Piensa en ella una o dos veces.

> *Día a día te darás cuenta de que "la vida funciona cuando te sientes bien."*

Cuando piensa en la mansión se siente mal porque a) en realidad no cree obtenerla y b) piensa en esa gente presumida y rica que vive en casas preciosas. Fred pronto deja de pensar en la mansión.

Preguntas: "Para obtener algo, ¿necesitas creer que es posible?" Sí, debes hacerlo.

Si piensas que tu meta es posible te sientes bien al pensar en ella. Debido a que te sientes bien al pensar en la meta, sueles pensar en ella con más frecuencia. Te sientes cómodo con tu meta.

Logramos los objetivos con los que nos sentimos completamente cómodos.

¿Qué tan importante es creer? El animador, Seal, comparte su experiencia:

> **No se trató de que fuéramos los mejores en lo que hacíamos. En donde crecimos, había gente que cantaba mucho mejor que nosotros, pero nadie tenía más fe que nosotros y esa fe era inquebrantable.[19]**

Una fe inquebrantable. Esa fue la vibración que se dio al asunto todo el tiempo.

Por qué es importante creer en las cosas

Digamos que quieres ponerte en forma, que deseas un mejor trabajo o tener una relación más feliz con tu marido. Si crees que es perfectamente posible, disfrutas al pensar en eso cada vez que puedes. De modo que al creer y sentirte bien haces que suceda.

¿Pero qué sucede si no crees que es posible? Te sientes mal pensando en el asunto, de modo que no piensas mucho en ello y no lo atraes. Dices: "¿Cómo puedo sentirme bien? ¿Cómo puedo creer en algo bueno cuando mi vida ha sido tan desilusionante?"

Pequeños pasos

Desarrollamos el músculo del subconsciente de la misma forma en que desarrollamos cualquier otro músculo. Debes practicar con las cosas cotidianas. Practica el sentirte bien con todo lo que haces, cada día. Fíjate metas pequeñas todos los días. Paso a paso. Por ejemplo:

- Debes dar un discurso. Entonces practicas el SENTIRTE bien al respecto. Te imaginas por adelantado recibiendo felicitaciones de la multitud. Observas una película mental de tu propio éxito.
- Estás a punto de manejar a través de una ciudad que no conoces, a la hora de más tránsito y te sientes nervioso. Te imaginas en tu auto RELAJADO y cantando.
- Te preocupa pagar las cuentas. Empiezas a visualizarte pagando esas cuentas con una sonrisa en los labios. Regularmente te dices: "¡Tengo mucho más dinero del que necesito!" Cada vez es más común que llegues con dinero al fin de mes, y la tensión disminuye ininterrumpidamente.

Día a día, te percatas de que "la vida funciona cuando te sientes bien". La gente responde positivamente, las oportunidades surgen de las más extrañas "coincidencias" y los problemas de difícil solución se evaporan.

Semana a semana, desarrollas la certeza de que la vida se las arregla para adaptarse a ti. Desarrollas una tranquila confianza de que "la vida siempre funciona".

Tus amigos preguntan: "¿Cómo?"

Respondes: "No sé cómo. Ni siquiera me preocupo por el 'cómo'."

Ahora tienes el músculo para manejar metas mayores.

Los libros te dicen: "Tu mente es un imán. Sal y obtén, sé o haz cualquier cosa que quieras." Teóricamente, es verdad, pero necesitas desarrollar tu músculo subconsciente. Necesitas refinar tu bola de energía.

¿Pero CÓMO sucede todo esto?

Las preguntas obvias son:

- ¿Cómo puedo pagar mis cuentas si ni siquiera sé de dónde sacar el dinero?
- ¿Cómo puedo vender mi casa en un mal mercado?
- ¿Cómo puedo conseguir un mejor empleo?
- ¿Cómo conoceré a mi pareja perfecta?

El asunto se parece un poco a un satélite que se pregunta: "¿Cómo haré que mi señal encuentre la televisión?" No se trata de un problema. La señal está en todas partes, pero sólo resuena en las televisiones sintonizadas.

Cuando asumes el sentimiento de encontrar a la pareja perfecta, o el trabajo ideal, la señal está en todas partes, pero solamente atraerás a la pareja o al jefe que vibra con una frecuencia similar.

Los emprendedores exitosos, autores, estrellas del deporte y parejas felizmente casadas asumen el sentimiento.

No es necesario que siempre tengas el control. Ni siquiera saber CÓMO suceden las cosas.

En una cáscara de nuez

Tu problema no consiste en averiguar cómo suceden las cosas. Tu misión es asumir el sentimiento.

9

¡Imagina!

En 1986 decidí escribir un libro. No sabía nada sobre escribir libros. Desde la escuela, no había escrito nada más largo que una tarjeta postal. Sólo sabía cuál sería el título —*Being Happy!*— y quería vender un millón de ejemplares.

Escribí una página al día, antes de desayunar.

También grabé una cinta para reproducir en mi auto. Tenía un mensaje simple que se repetía una y otra vez: "*Being Happy!* Es un *best seller* internacional." Duraba media hora.

Durante todo el año de 1987 puse esta cinta cada vez que entraba a mi pequeño auto rojo. Bueno, en realidad la ponía cuando estaba solo —creo que mis amigos preferían a Dire Straits.

A mediados de 1987, envié el manuscrito completo de mi *Being Happy!* A editores de todo el mundo. Sólo recibí rechazos. Quizá el libro haya sido un éxito en mi subconsciente, pero no le iba muy bien en todo los demás sitios.

Parecía que me había topado con una pared de ladrillos.

Entonces, en marzo de 1988, estaba pasando por Singapur y comí con mi amiga Jacquie Seow. Le pregunté: "¿Te gustaría leer mi manuscrito?" Jacquie aceptó leerlo y dijo: "Hay un editor que vive en mi edificio. Se lo mostraré."

Yo pensé: "¿Un editor de Singapur? Eso no es parte de mi plan." Le di mi libro a Jacquie, pero no me hice muchas ilusiones.

Dos semanas más tarde tenía un contrato de edición con el vecino de Jacquie, Ian, y dieciocho meses después vivía de mis regalías como autor. *Being Happy!* Se sigue vendiendo hasta el día de hoy.[20]

Preguntas: "Andrew: ¿qué habría sucedido si no hubieras puesto la grabación? ¿Habría sucedido de cualquier manera?"

La actuación de dos amigos

En la década de 1970, Fred Couples y Jim Nantz eran amigos en la Universidad de Houston. Fred era un golfista dedicado que soñaba con ganar el US Masters, y Jim deseaba convertirse en el mejor locutor deportivo.

Juntos solían interpretar una escena en que Fred, habiendo ganado recientemente el US Masters, era entrevistado por un locutor de la CBS, Jim Nantz.

En 1992, Fred ganó el US Masters. Fue llevado a la cabaña del mayordomo para recibir el famoso saco verde y ahí, listo para obtener la historia del suceso, estaba Jim Nantz, de la CBS.

Al cierre de la entrevista se abrazaron con lágrimas en los ojos, reflexionando sin duda sobre la escena imaginaria que tanto habían ensayado en Houston y que ahora acontecía ante todo el mundo en Atlanta.

¿Habría ganado Fred Couples el Campeonato de Golf para Maestros sin representar la escena? ¿Habría logrado su sueño Jim Nantz sin la actuación de juego? ¿Habría sucedido todo de cualquier manera?

He aquí lo que sé: no hay un solo actor, astronauta, neurocirujano, piloto, estrella pop, presidente o bailarina de *table dance* que no haya imaginado su sueño una y otra vez antes de que éste se concretara.

En una cáscara de nuez

Todo está conectado. Nada sucede "porque sí".

¿Qué sucede cuando la Ley de la atracción no funciona?

Las leyes siempre funcionan.

La ley de la gravedad nunca se rompe. Por ejemplo, cuando vuela un avión no significa que la ley de la gravitación universal se haya roto. Significa que la fuerza impulsora es más intensa que la gravedad y por eso vuela. Cuando hay suficiente impulso, el avión despega del suelo.

Sucede lo mismo con la Ley de la atracción. Necesitas impulso. Plantas tu meta firmemente en el subconsciente. Cuando ya está ahí, la tienes, pero lo más importante es que la meta TE TIENE A TI.

Cuando la meta se apropia de ti, no tienes que fijarte en todo. Es como incorporarte a un paseo. Cuando *sabes* que serás exitoso —y sólo se trata de CUÁNDO sucederá—, hacer el trabajo es una alegría. Dar lo mejor de ti es automático.

Cuando la llegada a la meta no se presenta, es probable que suceda alguna de las siguientes cosas:

- Escogiste una meta aburrida y dejaste de pensar en ella, por lo que no la atrajiste.
- Quedaste atascado en reversa por los pensamientos de CARENCIA. Cuando te concentras en la carencia, obtienes más carencia.
- Estás dudoso y, por eso, no tienes el SENTIMIENTO necesario para alcanzar el objetivo.
- Nunca llegaste a sentirte cómodo con tu meta.

"¡Fija una fecha!"

He aquí otra de las cosas que te dicen los libros, pero que no suele ayudar gran cosa. Te dicen: "¡Pon una fecha!" Te dicen: "Fija una fecha y cuando llegue, ya compraste la casa, encontraste a la esposa perfecta o conseguiste el trabajo de tus sueños."

Las fechas suelen añadir estrés y ofrecen razones para la duda.

Obviamente, a veces tus planes estarán ligados a una fecha fija —una boda, un discurso o un torneo. Tiene sentido ver y sentir esos sucesos desarrollándose perfectamente, siempre en relación con una fecha. Pero en la mayoría de los casos, ve y siente tus metas logradas y permite que se desarrollen a su propio ritmo.

¿Cuándo sé que mis metas se cumplirán?

Cuando tu objetivo se sienta perfectamente natural, cuando te digas: "Sé que sucederá y me siento tan cómodo con el hecho de que sucederá, que no tengo prisa." Ése es el momento en que el trabajo de tus sueños o tu novio se presentará.

¡Pero habría sucedido de cualquier modo!

Cuando la vida funciona —cuando tu amante entre en ella, te recluta una empresa rival, los dolores de cabeza desaparecen, tu libro llega a las listas de los más vendidos— siempre llegará también la pregunta: "¿Atraje esto o habría sucedido de cualquier manera?"

Cuando te sientes bien y sigues sintiéndote bien, las oportunidades y las buenas personas no dejan de encontrarte. Sólo sigue haciendo lo que funciona.

¿Y qué hay de la gente que dice: "¡Esto no es más que basura!"

Siempre he creído en la magia. Cuando no hacía nada en esta ciudad, me levantaba cada noche, me sentaba en la calle de Mulholland, miraba la ciudad, estiraba los brazos y decía: "Todos quieren trabajar conmigo. Soy un excelente actor. Tengo todo tipo de ofertas para hacer películas."

Alguna gente sabe que los pensamientos son magnéticos. No necesitan ser convencidos.

Sólo repetía estas cosas una y otra vez, convenciéndome literalmente de que tenía un par de películas por comenzar. Bajaba manejando de esa colina, listo para enfrentar al mundo en ese momento: "Las ofertas para hacer películas están ahí, para mí, sólo que no las he escuchado todavía."[21]
Jim Carrey, actor

En 1990, el comediante Jim Carrey luchaba por conseguir trabajo. Fue una noche de ese año en que, sentado en su Toyota mirando la ciudad de Los Ángeles, hizo un cheque ¡para él!. Era por la cantidad de diez millones de dólares en pago por los servicios de actuación prestados.

Jim llevó el cheque en su billetera. Llegado 1995, había estelarizado la película de *Ace Ventura*, *La máscara* y *Dos tontos muy tontos*. Ahora cobraba veinte millones de dólares por película.

Mucha gente no cree que el pensamiento afecta la materia o que creamos nuestro propio éxito. Pero he aquí un reto para ti: encuentra a una persona tremendamente exitosa que no crea en esto.

¿Qué opinan sobre el poder de la mente personas como Jim Carrey, Oprah Winfrey (la primera presentadora de televisión en ganar mil millones de dólares), Madonna (300 millones de ejemplares vendidos) y Jack Canfield (500 millones de libros impresos)? Ellos te dirán: "Atraes lo que mantienes en tu mente. Te conviertes en lo que piensas."

Hay *otros periodistas* que entrevistan tan bien como Oprah Winfrey. Un millón de personas han tenido mejores ideas que las de Richard Branson.

Pero *los otros* no podían creer tan bien. Y esto incluye a tu cuñado, que suele decir: "¡Todo esto es fantasía!"

¿A quién quieres creer?

¿Cómo puedo ser feliz cuando estoy quebrado?

En 2013, estaba en un centro comercial de Kuala Lumpur cuando un hombre se me acercó. Vestía casualmente pero su atuendo era inmaculado. Dijo: "¿Es usted Andrew Matthews? Leí su libro hace veinte años?"

Sentí que tenía una historia por compartir, así que lo invité a Starbucks.

Él dijo: "Me llamo Teuku y soy de Aceh, en Indonesia. Mi familia era muy pobre. Cuando estaba en la universidad, era tan pobre que tenía sólo un par de pantalones. Era tan pobre que mi novia me daba sus camisetas. Muchos fueron los días en que no comí nada.

"Cuando estaba en el punto más bajo, un amigo me prestó la versión indonesia de su libro, *Being Happy!*[22] "Independientemente de los libros de texto, éste era el primer libro que leía en mi vida. Comencé a entender que elegimos nuestros pensamientos. Empecé a concentrarme en lo que TENÍA en lugar de concentrarme en lo que NO TENÍA.

"En una tarjeta, escribí una lista con todas las cosas que quería para mi futuro: un buen trabajo, una esposa, dos hijos sanos, un apartamento, un bonito auto..."

Él se inclinó hacia adelante: "Hoy soy el gerente regional de desarrollo de negocios de una empresa transnacional. Viajo por el mundo. Tengo una esposa y dos hijas hermosas. Van a las mejores escuelas..."

Los ojos de Teuku estaban anegados de lágrimas. "Tu libro cambió mi vida."

Mis ojos también estaban llenos de lágrimas. Me sentía feliz por Teuku.

Debo destacar dos puntos en este momento. Primero, mi libro no cambió su vida; *Teuku cambió su vida*. Segundo, no hay nada nuevo en mis libros. Estos principios han estado con nosotros desde siempre.

Teuku dijo: "Todavía tengo malos días, de modo que mantengo esa tarjeta en mi pared para recordarme lo lejos que he llegado".

Preguntó sobre mi próximo libro. Expliqué que *Cómo funciona la vida* trataba sobre el poder de la emoción: "Tu forma de pensar importa, pero el verdadero poder está en cómo te sientes".

En una cáscara de nuez

Teuku dijo: "Durante los últimos veinte años, siempre que deseaba dar otro paso, trataba de percibir qué se sentía estar ya ahí."

"Cuando tenía hambre, trataba de sentir como si hubiera comido lo suficiente. Cuando no tenía empleo, trataba de sentir como si lo tuviera. Cuando era un empleado, trataba de sentirme como si fuera un gerente".

Él preguntó: "¿De eso trata tu libro?"

Sí, Teuku, ¡de eso trata exactamente mi libro!

¿Y qué hay de esas personas exitosas que nunca leen un libro sobre la mente subconsciente?

Algunas personas sólo saben que los pensamientos son magnéticos. No necesitan libros. No necesitan ser convencidos.

Algunas personas nacen sabiendo lo que me tomó mil libros y treinta años comprender. Pasan su vida SINTIÉNDOSE tan bien como pueden y saben que todo funcionará.

Sólo saben que ASÍ FUNCIONA LA VIDA.

El mundo es tu espejo

10

¿Has notado que cuando te vas de la oficina sintiéndote iracundo, la gente te trata mal en el Metro? Lo inverso también es cierto. ¡Qué diferente se ve el mundo cuando te enamoras!

El mundo es un espejo; lo que sientes en tu interior, obtienes del exterior. Por esa razón NO PUEDES ARREGLAR TU VIDA TRABAJANDO EN EL EXTERIOR. Si la gente en la calle es poco amigable, el cambiar de calles no resulta. Si nadie en el trabajo te respeta, cambiar de empleo no arreglará las cosas.

¡La mayoría de nosotros aprendimos las cosas desde dentro hacia fuera! Aprendimos que: "Si no te gusta tu trabajo, cámbialo. Si no te gusta tu esposa, cámbiala." A veces es apropiado cambiar de trabajo o de esposa, pero si no cambias tu manera de pensar, te estás alistando para recibir más de lo mismo.

Ejemplo: El esposo de Carol, Bob, no la ayuda. Ambos trabajan de las nueve de la mañana a las cinco de la tarde, pero Bob no la ayuda con los niños ni en las labores domésticas. En las noches de lunes a viernes, va a beber; los fines de semana juega golf. Ella se siente como sirvienta y está resentida con él.

Pero las cosas no tienen que ver con Bob. Tienen que ver con ella. Mientras ella se sienta como sirvienta, será tratada como sirvienta. Para que su vida cambie, Carol tiene que valorar a Carol. En cuanto ella se sienta valiosa, merecedora y amable, encontrará apoyo, sea de Bob o de otra persona.

Siempre se trata de nosotros mismos.

Ejemplo: Los amigos y la familia siempre se imponen. Cuando alguien quiere cambiarse de casa, te piden que empaques y cargues cajas. Cuando la gente necesita ser llevada a las cuatro de la mañana al aeropuerto, te llaman. Te preguntas: "¿Por qué no valoran Mi tiempo?"

> *Si te amas, la gente te amará.*

¡Porque tú no valoras TU tiempo! Cuando cambias, ellos cambian.

No se trata de ellos

Mucha gente no termina de entenderlo nunca. Pasan la vida culpando a los demás pero no se trata de LOS DEMÁS.

- Si sientes que mereces ganar muy poco, encontrarás un jefe que te pague muy poco.
- Si ignoras tus sentimientos, conseguirás un empleo en que la gente ignore tus sentimientos. ¡Quizá te unas al ejército, pues es un lugar en que la gente te puede gritar! No se trata de ELLOS; debes entenderlo, se trata de tu relación CONTIGO.
- Si odias tu trasero grande, encontrarás un novio que se burle de él. Cuando aceptas tu trasero, es probable que a) cambies de novio, o b) que descubras que tu viejo novio tiene una nueva actitud. Nunca se trató de tu novio. Siempre se trató de tu actitud hacia ti misma.
- Si tu jefe exige mejores resultados, si tu esposa quiere más de ti, suele deberse a que, en tu corazón, tú quieres más de ti.
- Hasta el prejuicio racial y religioso se trata de ti y no de ELLOS. Cuando te aceptas, la gente te acepta.

Si te amas, la gente te amará.

En una cáscara de nuez

Tú creas tu mundo. No tienes que convencer a nadie más. Sólo tienes que sentirte distinto.

La noche perfecta

La vida siempre refleja nuestra manera de sentir.

Ejemplo: Tienes amigos en la ciudad. Decides invitarlos a una gran velada en tu restaurante favorito, Coco's.

Llamas al restaurante para reservar una mesa. El capitán dice: "Lo siento, estamos llenos."

"¿Qué quiere decir con 'estamos llenos'?"

"Que no hay lugar."

"¡Pero si soy un cliente regular! ¡Acomódeme en algún sitio!"

"Lo siento."

Cuelgas el teléfono violentamente. "¡Maldición! Ésta tendrían que ser una noche excelente." Estás enojado.

Eliges otro restaurante. La comida está grasosa, las ostras apestan. Discutes con tu esposa durante todo el camino de regreso y amaneces al día siguiente con una intoxicación por alimentos.

O...

El capitán de meseros de Coco's dice: "Estamos llenos."

Tú dices: "Bien. De cualquier modo hemos comido ahí veinte veces. Deberíamos tratar en otro lugar." Llamas a tu ex jefe, quien conoce todos los mejores restaurantes. Te recomienda un nuevo lugar que queda incluso más cerca que el otro.

La comida es inolvidable. Platicas con la pareja de la mesa de junto y descubres que son tus vecinos. Haces nuevos amigos y, a la semana siguiente, todos van a Coco's.

¿No es así como funciona la vida?

Si crees que la vida está contra ti, lo está. Hay otra forma de vivir: pensar que el universo planea hacerte feliz.

En una cáscara de nuez:

La armonía que buscas no está en las demás personas; está en ti.

Atraemos lo que tememos

En mi décimo cumpleaños, mi abuelo me regaló un reloj. ¡En los años sesenta, los relojes no eran baratos! Estaba muy orgulloso y me sentía un poco nervioso. Pensé: "¡Más me vale no romper esto!"

Al bañarme esa misma noche, coloqué mi Timex nuevecito en el lavabo, a un lado de mi pijama. Me lavé y me sequé cuando tomaba mi pijama, la manga golpeó mi precioso regalo de cumpleaños, el reloj cayó y se estrelló contra el piso. Se rompió. Completamente.

Mi primer reloj: me lo dieron a las 6:30 de la tarde y estaba roto a las 8:15 de la noche. Lloré y lloré. ¿Cómo podía ser tan cruel la vida?

¿Cuántas veces hemos comprado algo nuevo para echarlo a perder en horas? ¿Cuándo es más fuerte nuestro miedo? Cuando algo es nuevo.

El mes pasado, mi compañero de tenis, Aldo, se compró una camioneta Mazda nueva, y a las 48 horas de haberlo hecho, un vándalo rayó todo el costado izquierdo con una llave. Esa misma semana, mi amigo Frank compró un Honda. En menos de 24 horas una señora había remodelado la parte trasera al chocarle en el estacionamiento de un centro comercial.

¿Cuántas veces te has encontrado en la situación que no deseabas? Te decías: "Si hay algo que no quiero que pase... si hay una pregunta que no quiero que me hagan... si hay algún error que no deseo repetir..." ¿Y adivina qué sucedía?

Atraemos lo que tememos.

Infierno en la carretera

¿Has tenido esta experiencia? Manejas al trabajo todos los días durante cinco años sin que ocurra ningún incidente. Entonces una mañana te le cierras a un camión y estás a punto de causar un accidente. Estás impactado. Respiras agitadamente, te sientes vulnerable y estúpido. Te dices: "¡Este camino es peligroso!" Y sigues manejando.

Antes de que pasen cinco minutos, un camión se te cierra en tu carril. Lo evitas, pero por muy poco. Ahora sudas frío. Diez minutos más tarde, estás a punto de atropellar a un niño en bicicleta. No habías tenido conatos de accidente en cinco años, ¡y ahora llevas tres en veinte minutos!

Todo lo que experimentas se presenta porque te sientes confiado, nervioso, vulnerable, inadecuado, emocionado, amado; estás creando tu realidad.

No tenemos accidentes, los construimos pensamiento a pensamiento: "Soy una víctima", "odio esto", esto es peligroso", y entonces llega el día en que... "¡pácatelas!"

> *Algunos predicadores te dicen que temas a Dios. ¡Esa ha sido una receta para el desastre!*

¿Te parece esto cruel, excesivo, atemorizante? Se trata de la física, y son buenas noticias. ¿Prefieres creer que, sin importar lo que piensas o sientes, no puedes protegerte de la enfermedad ni tienes defensas contra los accidentes?

Eres más que un cuerpo físico con un cerebro. Eres un imán, un transmisor. Cuando estás alegre, feliz y agradecido, de alguna manera te conectas con gente y experiencias que hacen juego con tu energía. Lo mismo pasa cuando te sientes vulnerable o asustado.

Ve tu protección

A mucha gente le gusta imaginar que está protegida por la divinidad. Hacen de ello un hábito. Cuando caminan por un vecindario rudo o al manejar en la autopista, se visualizan protegidos por una luz blanca que los rodea.

Cuando escuché esto por primera vez, me pregunté "¿Cómo ayudaría eso al estar frente a un ladrón o para evitar un camión sin frenos?" Ahora lo entiendo. El valor de visualizar la luz blanca protectora es que cambia tu manera de sentir. Cuando te sientes calmo y protegido, estás protegido.

La Biblia dice: "No resistáis al mal."[23] Esto significa que *no te concentres en las cosas malas*. Significa que *no pases tu vida pensando en enfermedades y accidentes automovilísticos*. Más bien, llena tu mente con pensamientos de salud y felicidad.

Algunos predicadores te dicen que temas a Dios. ¡Esa ha sido una receta para el desastre!

En una cáscara de nuez

Si piensas en lo que quieres, lo atraes. Si piensas en lo que no quieres, lo atraes.

¿Qué tan importante es actuar?

11

Podrías preguntar: "¿Qué es más importante? ¿Los pensamientos o los sentimientos? ¿O la acción?"

Míralo de esta manera. Cuando construyes una casa, creas un cimiento sólido que nadie ve, y sobre ese cimiento eriges lo que todos ven: la casa.

El mismo principio funciona para cualquier cosa que quieras hacer. Si quieres encontrar esposa, escribir un *best seller*, echar a andar una empresa, someterte a una cirugía o andar en bicicleta a salvo por Europa, en todos los casos requieres de un cimiento sólido.

Tú creas ese CIMIENTO SÓLIDO EN TU IMAGINACIÓN con sentimientos positivos respecto al feliz logro de tu objetivo. Sobre ese cimiento invisible construyes lo que el mundo ve.

Muchas personas olvidan los cimientos. Para ellos todo es *acción* y *esfuerzo*. Corren por ahí tratando de que algo suceda sin cimientos, y los muros no dejan de derrumbarse.

¿Por qué un cimiento invisible?

Sin la sensación de que tu objetivo ya se ha logrado, estás transmitiendo toda suerte de sentimientos de duda e incertidumbre, sentimientos como: "¡Puede que esto sea difícil!" "¿Qué tal si no puedo?" Entonces atraes experiencias que se parecen a tus sentimientos. Es una receta para quedar exhausto. Es la razón por la que algunas personas talentosas —golfistas con *swing* perfecto y cantantes con entonación perfecta— se contentan con freír hamburguesas.

Cuando tienes el sentimiento de tu meta LOGRADA, te conviertes en un imán para la gente correcta, los libros, los sitios web y las coincidencias. Las puertas se abren. No tienes que poner cada ladrillo. Esto se llama sincronía.

Ejemplo: Planeas unas vacaciones. Tu cimiento es *estar emocionado y animado, sintiendo que encontrarás gente fascinante, probarás comida exótica, regresarás saludable y refrescado.* Lo fijas en tu mente. Tus pensamientos crean el sentimiento. Tus sentimientos —y luego la acción que tomes— crean la experiencia.

Sin los cimientos, eres como una hoja al viento. Cualquier cosa podría suceder.

Ejemplo: necesitas realizar una llamada telefónica difícil. Tu cimiento es *el sentimiento de la meta alcanzada, el sentimiento de que hiciste esa llamada siendo confiado y estando relajado.* Primero la creaste en tu mente. La creación es divertida. La llamada telefónica resulta bastante más sencilla de lo que pensabas.

Imaginar es alegría; hacer las cosas se convierte en una alegría. Así es como se supone que funciona la vida.

Todo suena demasiado fácil

Digamos que estuviste sin trabajo un año. Solicitaste sesenta empleos y obtuviste sesenta rechazos. Estás paralizado de desilusión.

Un amigo dice: "Lee este libro, *Cómo funciona la vida.*" Lo lees. Dices: "¡Esto es una locura! ¿En verdad creen que sólo con sentirme bien, me va a caer un empleo del cielo?"

No. Así es como puede suceder.

Justo ahora te has dado por vencido. La idea de que obtengas un trabajo puede parecer imposible. Primero debes cambiar lo que sientes.

Comienzas a visualizarte estando felizmente empleado. Te imaginas yendo al trabajo emocionado cada día, recibiendo un pago regularmente e imaginas cómo cambiará tu vida. Te envuelves en estos sentimientos felices cincuenta veces al día.

Empiezas a afirmar ante ti: "Estoy tan contento de tener un trabajo."

Al principio, todo esto te parece un tanto ridículo, pero conforme continúas imaginando y afirmando, la idea de ser empleado comienza a sentirse como una REMOTA POSIBILIDAD.

Luego te sientes más optimista, es más fácil entrar en acción. Entras a internet y estudias lo que debes decir en las entrevistas de trabajo. Compras un libro: *Cómo obtener trabajo*. Pides a un amigo que te ayude a reescribir tu currículo.

Empiezas a buscar empleos vacantes en la red. Mandas veinte solicitudes y asistes a dos entrevistas. No te contratan, pero estás más confiado que antes.

Un amigo de un amigo te contrata por tres días. Te sientes mejor contigo mismo. La idea de tener trabajo te parece POSIBLE.

Asistes a otra entrevista. La empresa te llama para decir: "Eres uno de los aspirantes finalistas."

Otro tipo obtiene el trabajo, pero te dices: "Al menos soy tomado en serio."

El empleo se siente ahora como una probabilidad; sólo resta esperar el cuándo. Mandas otras veinte solicitudes. Diecinueve empresas no están interesadas. Una empresa te invita a una entrevista. Lo tienes. El trabajo es tuyo. (¡No hemos terminado!)

Trabajas duro durante el siguiente año. Te sientes más confiado. Pronto estás listo para los nuevos retos.

Solicitas empleo en tres empresas distintas. Te contratan en la tercera (es mucho más fácil obtener trabajo esta vez).

Trabajas dos años en la misma empresa y entonces, un día, de la nada, recibes una llamada telefónica. Una corporación rival te ofrece un puesto. ¡Han llegado a ti por medio de un cazatalentos! ¡Ahora los trabajos te persiguen!

Así es como mejora la vida, paso a paso.

Dices: "¿Pero qué pasa si hay una crisis global financiera? ¿O qué sucede si tengo sesenta años de edad?"

> *Como bien pudo decir Buda: "Tu trabajo no es el mundo. Tu trabajo está en ti."*

No todas las empresas padecen las crisis financieras globales. No todos los jefes quieren gente joven. Cuando tienes la certeza inamovible de que eres solicitado, la vida te conectará con personas que quieren tus servicios, sin importar lo que leas en los periódicos. Como bien pudo haber dicho Buda: "Tu trabajo no es el mundo. Tu trabajo está en ti."

Ya sea que busques trabajo o un compañero de vida, sin importar si quieres bajar 10 kilos o aprender a gustar de ti, lo PRIMERO que debes cambiar es tu forma de sentir. Luego puedes actuar. Te sientes mejor. Actúas más. Así es como pasas del IMPOSIBLE a lo POSIBLE a lo PROBABLE y luego a lo LOGRADO.

En una cáscara de nuez:

Hay dos partes en la ecuación: sentirse bien + actuar. El antiguo proverbio sufí reza: "Confía en Allah, pero primero ata tu camello a un poste."

Lo que en verdad creemos

¿Cómo saber lo que *en realidad* cree alguien? No por medio de lo que dicen. Por medio de lo que HACEN.

Todos sabemos que la gente sueña pero no entra en acción. NO hacen nada *porque esperan fracasar*. Así que siguen atascados. No puedes engañar al universo.

La acción demuestra fe. Por ejemplo:

- Cuando ahorras dinero cada semana, confirmas tu creencia en que es posible vivir sin deudas.
- Cuando realizas una llamada de ventas, confirmas tu fe en que es posible realizar una venta.
- Cuando levantas pesas, confirmas tu creencia de que es posible estar en forma.
- Cuando das a los pobres, confirmas tu fe en que pronto vendrá más dinero.

La acción es el pensamiento en movimiento.

La acción acelera los resultados.

En una cáscara de nuez

Fred podría decirte: "¡Merezco una vida mejor!"
Fred podría anunciar al mundo: "Seré exitoso."
Pero a menos de que Fred actúe, no cree en
ello verdaderamente y nada cambiará.

La excelencia

Dices: "¿Y qué hay de las habilidades? ¿No tienes que ser bueno en lo que haces?" La excelencia es de crítica importancia. La gente más exitosa es muy habilidosa.

Y sentirse bien es parte del proceso.

Cuando te sientes optimista y entusiasta, cuando sigues visualizando tus metas logradas y cuando no dejas de creer, estas cosas pasan:

- Te sientes confiado.
- Atraes a los colegas, entrenadores, mentores o socios indicados.
- Atraes oportunidades.
- Refinas tus habilidades alegremente.

La ley del menor esfuerzo

Los textos védicos de India, que datan de alrededor de 1500 antes de Cristo, explican la *Ley de la causa y el efecto (karma)*, la *Ley del desapego* y la *Ley del menor esfuerzo*.

La Ley del menor esfuerzo es quizá la menos comprendida. Según explica la sabiduría védica, *el amor es el tejido que mantiene unido al universo*. Esto significa que:

- Cuando estás motivado por el AMOR y sirves a otros, estás en armonía con el universo y tus planes se desarrollan con mucho menos esfuerzo. Los pequeños milagros ocurren para ayudarte en el camino.

- Cuando estás motivado por el EGO, por ejemplo, si tu objetivo es ser *la persona más poderosa de la ciudad*, o si tu negocio está *vendiendo coches usados maltrechos a los clientes que ni siquiera lo sospechan*, o si tu objetivo es controlar e impresionar a la gente, te encontrarás con infinita resistencia. "El éxito" llegará pero te costará.

Los libros de autoayuda pueden decirnos: "El cielo es el límite. ¡Ve y haz lo que quieras!", pero notarás un patrón: cuando nuestras ambiciones son muy egoístas, la vida se convierte en una lucha.

En una cáscara de nuez

Cuando nos motiva el amor, se requiere de MENOS ACCIÓN para producir MÁS RESULTADOS. Las leyes universales nos recuerdan que estamos aquí para ayudarnos los unos a los otros.

La resistencia

12

BA 375 TOKIO RETRASADO

©ANDREW MATTHEWS

El día de la marmota

En la película *Groundhog Day*, Phil Connors es un iracundo y resentido presentador del clima en televisión. Cada día, cuando su alarma suena a las 6:00 a.m., es el 2 de febrero. ¡Vive el mismo día!

Phil hace de todo para escapar. Deja su trabajo, es arrestado, trata de suicidarse seis veces —se lanza a un precipicio en su auto, salta de un edificio alto, camina frente a un camión, recibe un balazo, es congelado y se electrocuta en el baño— ¡y al despertar, al día siguiente, de nuevo es ayer!

Eventualmente, Phil aprende a aceptar su situación. Comienza a encontrar belleza en la gente común del pequeño pueblo de Punxsutawney.

Es una loca comedia sobre un tipo atrapado en un ciclo temporal, reviviendo una y otra vez el peor día de su vida. En otro nivel, la película ofrece un mensaje profundo.

Groundhog Day ilustra a la perfección cómo el resentimiento nos mantiene atorados y cómo el amor nos libera.

No se trata de lo que te sucede a ti...

Lo que TE SUCEDE no es lo más importante. Lo importante es CÓMO TE SIENTES respecto a lo que te sucede.

Ejemplo: digamos que estás en un aeropuerto esperando para abordar un vuelo y la aerolínea anuncia: "¡Lo sentimos! Problemas mecánicos. No podremos despegar en tres horas." Te enojas mucho. Te dices a ti mismo: "¡Esto es terrible!" Perderé mi conexión. ¡Es un desastre!"

> *¡Cuando luchas con la vida, la vida siempre gana!*

Mientras estás estresado, las cosas se ponen peor. La gente choca contigo, te derraman café en las piernas y pierden tu equipaje. ¡Cuando luchas con la vida, la vida siempre gana!

Entonces, finalmente, te calmas. Te dices: "Nada puedo hacer al respecto. Probablemente estoy en donde debo estar. Lo aprovecharé al máximo."

Repentinamente, todo cambia. De la nada, aparece un viejo amigo, o haces un nuevo amigo, o te topas con una nueva oportunidad y la vida comienza a apoyarte. Una vez que cambiamos nuestra forma de pensar sobre "una mala situación", podemos tomar ventaja de ella.

Ejemplo: imagina a dos mujeres, Mary y Jane. Ambas se divorcian.

Mary dice: "He fracasado. Mi vida terminó."

Jane dice: "¡Mi vida acaba de comenzar!"

¿A quién le irá mejor?

En una cáscara de nuez

Todo "desastre" en tu vida no es un desastre, es una situación que espera a que cambies tu parecer respecto a ella.

© ANDREW MATTHEWS

Crisis

Las grandes oportunidades de la vida suelen llegar disfrazadas de infortunio y desastre.

¿Cuándo has tomado las decisiones más importantes de tu vida? ¿No fue cuando estabas de rodillas, viviendo desastres o contratiempos, y dijiste: "Nunca más quiero ser así de pobre", o "no quiero estar más tiempo en este tipo de relación"?

- Por lo común, ¿cuándo nos ponemos a dieta o empezamos a ejercitarnos? Cuando nuestro cuerpo se está cayendo.
- ¿Cuándo se dicen las parejas cuánto se aman? Cuando la relación se está cayendo.
- ¿Cuándo tomamos decisiones financieras críticas? Cuando no podemos pagar nuestras cuentas.
- ¿Cuándo respaldamos la información de nuestras computadoras? ¡Después de que hemos perdido todo!

Lo bueno de una crisis es que facilita nuestro aprendizaje.

Sabemos todo hasta el momento en que:

- Nos da un ataque cardiaco.
- Quedamos en bancarrota.
- Se va el amor de nuestra vida.

Lo bueno de una crisis es que nos pone desesperados; y también facilita el aprendizaje. Curioso, ¿no? Pasamos nuestras vidas tratando de acumular cosas, pero aprendemos más cuando perdemos.

En una cáscara de nuez
Con el éxito, celebramos. Con el fracaso, contemplamos.
Aprendemos más del dolor y la desilusión.

El dolor
Padecemos dolor cuando creemos algo que no es verdad. Por ejemplo,
nos dolemos cuando creemos cosas como:

- "SOY MI TRABAJO", por ejemplo, "soy maestra" o "soy médico".
  Si piensas que eres tu trabajo, entonces, cuando careces de uno
  sientes como si hubieras desaparecido. Cuando sabes que *no
  eres tu trabajo*, no te derrumbas, sino que consideras el hecho un
  inconveniente.
- "SOY MI CUENTA BANCARIA." ¡No! Tu valía personal no es
  equivalente a tu valor neto.
- "SOY MI CUERPO." Tienes uno, pero el cuerpo no eres tú.
- "SOY MI REPUTACIÓN." No. Tu reputación es lo que *otros
  piensan de ti*. Tú no eres lo que otra gente piensa.
- "ESTOY DESAMPARADO Y FUERA DE CONTROL." ¡Absoluta y
  totalmente erróneo!
- "NO VALGO NADA." Nuevo error. Ver el resto de este libro.

En una cáscara de nuez
El dolor suele ser un mensaje que
indica que debemos cambiar nuestra
forma de pensar.

La muerte
Cuando pensamos que la vida debe ser de cierta manera —y no lo es—,
duele. Una de las razones por las que la gente piensa que la *vida es
injusta* es que piensan que la *muerte es injusta*. La gente que piensa que
la vida es terrible suele creer que la muerte es también terrible.

La idea de que la muerte es terrible surge de creencias como:

- Todos deben vivir al menos 75 años, y menos que eso es una tragedia.
- La muerte es el final de todo.

Pero, ¿tu muerte es tu final?

Tiendo a tomar nota de lo que dicen los expertos. Cuando la gente dedica su vida a hacer películas, a manejar corporaciones o realizar cirugías cardiacas, imagino que sabe algo que yo ignoro.

He aquí lo que he notado de la gente feliz que se ha dedicado a la vida espiritual: todos dicen casi lo mismo:

- Eres un espíritu eterno en un cuerpo.
- La vida es maravillosa.
- Viniste aquí a experimentar alegría y a percatarte de tu verdadero poder.
- No hay accidentes; nos vamos de este planeta cuando estamos listos.
- ¡No seas tan serio!

Si tratas de entender todo esto desde el punto de vista intelectual, probablemente carecerá de sentido. Si sólo lo vives, funciona a la perfección.

¿Cuánto tiempo necesitas?

Podría parecer razonable que viviéramos al menos 75 años en la Tierra, pero el hecho es que no es así. Algunas vidas son cortas. La humanidad es variedad. Pensamos distinto, vivimos distinto. No todos los tipos lucen como Brad Pitt.

Por doloroso que sea perder a un ser querido inesperadamente, algunas personas cumplen con su cometido rápidamente y siguen adelante. Algunos niños de cuatro años bellos y angelicales vienen sólo por una breve visita.

Algunos evolucionan rápidamente. Otros tardan 95 años.

En una cáscara de nuez

Todos tenemos un espíritu divino, amoroso y poderoso en el cuerpo. Cuando olvidamos esto, la vida duele. Se trata de la forma en que la vida nos pone en el camino correcto.

¡Vamos!

13

Mi amiga Caroline ha pasado la vida administrando hoteles exóticos alrededor del mundo: islas localizadas en el Gran Arrecife de Coral, hoteles en un santuario de elefantes al norte de Tailandia, propiedades asombrosas en la bahía de Sydney, incluso un hotel que solía ser un palacio en los Himalaya.

He aquí lo que me fascina de Caroline. Ha pasado su vida administrando hoteles de lujo y aun así:

● Nunca recibió entrenamiento en hospitalidad o administración hotelera.

● Nunca necesitó un *currículum vitae*.

● Nunca le ha faltado trabajo.

Recientemente, Caroline se retiró tras cumplir con la décimo cuarta encomienda en 30 años, trabajos que en ningún caso solicitó. No es suerte.

¿Por qué es Caroline un imán tan poderoso para atraer oportunidades? No tiene miedo alguno de quedar desempleada. Es totalmente desapegada. Su experiencia en el lugar de trabajo es distinta a la de los demás porque *su pensamiento* es distinto al de la mayoría.

Dice: "Es una locura. No soy una gran administradora, pero estos trabajos se presentan y ya. Vivo con una confianza ciega. Sé que el empleo indicado llegará siempre en el momento correcto."

Perseguir novias, perseguir perros

Los budistas enseñan el desapego. Ya sabes de eso. Cuando perseguimos chicas, chicos o hasta perros, escapan. ¿Por qué? ¡Porque los estamos persiguiendo! Cuando tratamos de atrapar a la gente en las relaciones, ¡apenas pueden esperar para escapar! Cuando los DEJAMOS IR, ¡suelen regresar!

> *¡Cuando dejas de intentar venderlo, todo mundo quiere comprarlo!*

¿Alguna vez pasaste semanas buscando departamento sin encontrar nada que te gustara? Tras infinita frustración dejaste de buscar y justo entonces encontraste tu nueva casa. Tan pronto como firmaste el contrato de arrendamiento, ¡descubriste otros tres departamentos perfectos sin siquiera buscarlos!

¿Alguna vez has querido vender algo, una carriola, una *laptop*, un paracaídas? Nadie lo quería, así que tuviste que regalarlo. Cuando dejaste de tratar de venderlo, todos querían comprarlo.

Hablamos de los pensamiento de carencia en el capítulo 8. La desesperación y los pensamientos de CARENCIA O FALTA son parte del mismo marco mental. Si no podemos encontrar un apartamento, o un empleo o un boleto de avión —y nos desesperamos— seguimos creando la misma experiencia de carencia.

Una vez que encontramos el trabajo, el departamento o el novio, nuestro pensamiento pasa de: "Necesito esto", a: "Tengo lo que necesito." "Tengo lo que necesito" implica una vibración completamente distinta. "Tengo lo que necesito" es tu estado más poderoso. "Tengo lo que necesito" es el punto de partida para una vida mucho más fácil.

Fred dice: "¡Pero no entiendes! ¡*No tengo* lo que necesito! Cuando tenga lo necesario estaré agradecido; entonces seré feliz." Perfectamente comprensible, Fred, pero los resultados de esta forma de ver las cosas son siempre desilusionantes.

En una cáscara de nuez
El truco para el juego de la vida es sentirse
feliz, agradecido y desapegado.

El desapego
El desapego no es desinterés. Es posible estar
desapegado y seguir siendo muy determinado.
La gente que es desapegada y determinada sabe que
el *esfuerzo y la excelencia se recompensan en última instancia.*
Dicen: "Si no gano esta vez, ganaré en la siguiente ocasión o en la que sigue."

Digamos que solicitas un puesto en Loony Larry's Laptops. Estás emocionado por el trabajo y te preparas cuidadosamente. Escribes lo que dirás en la entrevista y lo practicas frente al espejo del baño. Hasta vas a cortarte el pelo. Llegas temprano a la entrevista y haces tu mejor esfuerzo.

¿Y luego? Sigues con tu vida. Tomas clases extra, haces planes para tu próxima solicitud de empleo. Si eres contratado por Loony Larry, eres feliz. Si no, sigues adelante.

ANDREW MATTHEWS

La gente desinteresada dice: "¿A quién le importa y para qué molestarse?"

La gente desesperada dice: "¡Si no obtengo este empleo, moriré!"

Cuando estás determinado y desapegado, dices: "Sea como sea, obtendré un buen trabajo y no me importa cuánto tiempo me tome."

¡La naturaleza no comprende la desesperación! La naturaleza busca equilibrio, y no puedes estar desesperado y en equilibrio al mismo tiempo.

La vida no tiene por qué ser una lucha infinita. Deja que las cosas fluyan. No se trata de indiferencia; se trata de no forzar las cosas.

En una cáscara de nuez
¡Se pueden intentar las cosas con demasiada insistencia!

La vida no tiene por qué ser una lucha infinita.

Dar

Las iglesias nos dicen que debemos dar, pero no nos explican por qué es tan mágico el hacerlo. El secreto de la vida es nuestra forma de SENTIR. Pocas cosas nos hacen sentir más ligeros y felices que dar a alguien un regalo, hacerle un cumplido o ayudarlo. Cuando damos alegremente, nos sentimos de maravilla.

Cuando nos sentimos de maravilla, nos convertimos en un imán para las cosas buenas. De modo que, CUANDO DAMOS, CREAMOS UN FLUJO. Así de simple. ¡Jamás me explicaron esto!

Aquí tenemos un principio que no parece tener sentido: *sea lo que sea aquello que más deseas, compártelo.* Da con libertad sin esperar nada a cambio. Si quieres dinero, comparte algo del tuyo. Si quieres amor, comparte el tuyo. Es así como se crea un flujo.

Tomemos como ejemplo a Mary, quien está desesperada por sentirse amada. Mary está enojada con su esposo, Fred. Ella dice: "¡Hago tanto por Fred pero él no me ama como yo!" Mary hace mucho por Fred, pero no lo ama. Ella toma en cuenta todo lo que hace. Y lleva el marcador: Mary: 10. Fred: 2.

Cuando simplemente amas a la gente sin ataduras, el amor retorna. Debe ser así. Siempre lo será.

Da alegremente

Importa CÓMO damos. Si lo hacemos a regañadientes, nos sentimos mal. Cuando nos sentimos mal, no recibimos en abundancia. Por eso es poderoso dar anónimamente.

He aquí un juego divertido: manda una tarjeta de cumpleaños a un amigo con un billete de 50 dólares dentro, pero no firmes la tarjeta. El juego consiste en nunca decirle que tú enviaste la tarjeta y el dinero.

Tu amigo se sentirá feliz e intrigado por el dinero que quién sabe de dónde salió. También será una ocasión alegre para ti.

Y aquí está el gran beneficio: aprendes a dar sin necesitar que te den las gracias. Practicas además el que no te importe que la gente exprese aprecio o no. ¿Y qué pasa cuando no NECESITAS gratitud y aprecio? Obtienes más.

En una cáscara de nuez

No se trata de qué das, sino de cómo lo das.

Encontrar el propósito de tu vida

La palabra sánscrita para denotar el *propósito en la vida* es "dharma". De acuerdo con la Ley del Dharma, cada uno de nosotros tiene talentos únicos que debemos descubrir. Cuando expresamos esos talentos, encontramos la alegría.

De acuerdo con la ley, es más probable descubrir esos talentos cuando preguntamos: "¿Qué puedo dar?", no cuando cuestionamos: "¿Qué puedo obtener a cambio?"

Cuando todo va mal

14

Rocky

Rocky es un iracundo peleador callejero.
Se la pasa en antros y bares. Casi
cada semana se mete en una pelea
callejera, y tiene las cicatrices y los
dientes rotos para probarlo.

De repente Rocky tiene una
ocurrencia: "Aprenderé karate.
Entonces podré vencer a tres
personas simultáneamente."

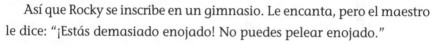

Así que Rocky se inscribe en un gimnasio. Le encanta, pero el maestro
le dice: "¡Estás demasiado enojado! No puedes pelear enojado."

Rocky dice: "¡Precisamente estoy ENOJADO!"

Pero Rocky se da cuenta de que le dan palizas en el gimnasio, incluso tipos de más edad que pesan la mitad que él. Eventualmente,
aprende algunos ejercicios de relajación. Ayuda. Se hace más rápido,
su anticipación mejora, pero no sabe por qué. No se da cuenta de que
está poniendo a trabajar a su *mente subconsciente*.

Rocky ha visto a esos tipos en YouTube que rompen ladrillos con los
puños y concreto con la cabeza. Rocky piensa: "¡Quiero romper un poco
de concreto!" Pregunta al maestro: "¿Cómo se hace eso?" El maestro dice: "Lo haces con el chi."

"¿Qué es el chi?"

"El chi", dice el maestro, "es la energía del universo. Debes convertirte en un canal para el poder del universo. Debes aprender a meditar".
Rocky se ríe. "¿Chi? Eso es basura."

Rocky va a casa y pone un ladrillo en la mesita de café. Trata de
romperlo con la frente y pasa el fin de semana en el hospital.

Rocky está confundido. ¿Cómo es que flacuchos de sesenta años
pueden romper pedazos de concreto? ¿Y cómo pudo Bruce Lee noquear

a un tipo que estaba del otro lado de la habitación con su *golpe de una pulgada*?

Rocky en verdad quiere romper cosas. Así que aprende a meditar. Rocky aprende a concentrar su energía. Descubre que *pensar* no ayuda mucho; más bien, debe expresar su intención para después quitar a la mente del camino. Y así aprende a romper cosas y es raro, pero conforme descubre su poder, se vuelve más humilde.

Rocky se percata de otra cosa: conforme se relaja más y más, encuentra mayor paz mental. Por primera vez en su vida comienza a gustar de sí mismo. Rocky descubre que agrada a la gente y la gente le agrada a él. Hace algunos amigos. Un día Rocky se da cuenta: "Ya no me meto en peleas callejeras."

Rocky ayuda a otros chicos iracundos. Comprende a esos muchachos. De hecho, los ama. Acostumbra decirles: "Solía ser como tú."

Y un día Rocky se escucha a sí mismo explicando a un joven adolescente: "No tienes que impresionar a nadie. No estás aquí para enseñar lecciones a nadie. Estás aquí para aprender sobre ti mismo. Relájate. Vive el momento y te convertirás en un canal para la energía del universo."

Rocky explica: "Al aprender a pelear, también aprendes de ti mismo. Cuando ya has aprendido lo suficiente sobre ti, no queda nadie con quién pelear."

Y el chico responde: "Eso es basura."

En una cáscara de nuez

A veces puedes meterte en algo —un empleo, un matrimonio o hasta en la ciencia de cómo golpear a los demás— por las razones equivocadas, terminas por obtener todas las respuestas correctas.

"¡Esto es un desastre!"

Cuando supe por vez primera de la Ley de la atracción, era soltero. Comencé a imaginar a mi esposa perfecta: bella, inteligente, graciosa, femenina y no muy alta. Pasaron un par de años.

Seguía visualizándola, pero no se presentaba. Empecé a preguntarme: "¿Cuánto tiempo toma todo esto? ¿En dónde está?"

En ese tiempo daba seminarios los fines de semana. Tenía gastos por arrendamiento, salarios, publicidad, energía eléctrica, por la impresión de los materiales y el franqueo postal. Necesitaba al menos a dieciocho personas por seminario para salir de los gastos. Mis cursos promediaban unas treinta personas, por lo que me estaba yendo bien. Entonces, en el mes de noviembre, no pude sacar los costos y hasta la gente que había reservado estaba cancelando.

> *Las relaciones que cambian la vida y las oportunidades aparecen cuando menos las esperamos.*

Pronto me quedé con doce clientes. No importaba qué hiciera, no lograba llenar el salón. Pensé: "¡Esto es un desastre!" Entonces, tuve que decirme: "Has hecho todo lo posible. Que pase lo que tenga que pasar." Y dejé de luchar. En mi mente, dejé de quejarme. Dejé ir las cosas.

Y a ese seminario de doce personas entró la mujer de mis sueños. Corría el año de 1986. Nos casamos en 1991.

Julie es mi inspiración. Ella es la más inteligente, elegante, generosa, valiente, la mujer más extraordinaria que he conocido, a pesar de sus 150 centímetros de altura.

Ésta es mi experiencia: las relaciones que cambian la vida y las oportunidades aparecen cuando menos las esperamos. Es el modo en que la vida dice: "Nunca subestimes el momento presente."

En una cáscara de nuez

Cuando pensamos que todo va mal, no suele ser así. El problema es que no podemos ver el panorama completo.

Tu radar

Nuestra conciencia es como un pequeño radar que sólo ve una fracción de lo que sucede a nuestro alrededor.

Siempre estamos rodeados de gente, sucesos y posibilidades que se nos aproximan sin que podamos detectarlos en el radar. Como no podemos verlos con nuestros sentidos físicos, pensamos que no están ahí.

Pero lo están. Y cada vez que tienes un sentimiento positivo sobre el amor o la vida feliz, lo que te hace sentir bien se acerca un poco más. Sin embargo, sólo al FINAL del proceso creativo aquello que estás sintiendo aparece en la pantalla de tu radar.

La gente que lucha, sufre y se queja cree que sólo existe lo que se ve en la pantalla del radar. Pero esa pantalla representa el rincón más diminuto de nuestro universo.

Julie siempre estuvo ahí y cada vez se acercaba más. Sólo me tomó dos años hacer que fuera detectada por mi radar.

En una cáscara de nuez

Todas esas cosas que te han emocionado siguen moviéndose hacia ti. Sólo conserva el sentimiento hasta que aparezcan en tu pantalla.

Déjate llevar por la corriente

La vida es como nadar en un arroyo. Algunos pasan la vida nadando contra la corriente. Algunos con un pánico permanente. Algunos nunca se lanzan al agua.

Es más fácil avanzar con la corriente. Mientras más flexible seas, mejor te sentirás y mejor funcionará la vida.

El dinero estará escaso en ocasiones y a veces será abundante. La gente prometerá a veces más de lo que puede cumplir. Tendrás días en los que todo parece marchar mal.

En esos días pesados, al igual que en los demás días, afirma para ti: "¡Todo saldrá siempre bien!"

En una cáscara de nuez

No puedes controlar todo. No tienes que controlar todo. No tienes que saber CÓMO funcionarán las cosas.

Aceptación

15

De dónde viene la energía

Imagina esto: no dormiste la noche anterior. Te paraste a las cuatro de la mañana y tuviste un largo día en la oficina. Peleaste con el jefe y con el tránsito. Ahora son las seis de la tarde y estás en casa, tirado en el sofá, demasiado cansado para bañarte y para comer.

Tu teléfono suena y escuchas el saludo con tono oficial de una dama. Verifica tu nombre, tu dirección y dice: "Hemos tratado de contactarlo durante todo el día. ¡Felicidades! Es usted el ganador de la lotería estatal *por la suma de veinte millones de dólares.*"

Saltas de felicidad. "¡Veinte millones de dólares! ¡Somos RICOS!"

Subes y bajas por las escaleras buscando a tu familia. Llamas a tu madre, a tu hermano, a todos tus amigos y vecinos. "¡Vengan y celebremos!"

Pregunta: ¿de dónde sacaste toda esa energía? ¡Tuvo que venir de alguna parte!

Dices: "¡Es el dinero!" Pero no es el dinero. No lo tienes todavía. Y bien podría tratarse de una farsa.

He aquí de dónde viene la energía: la energía fluye por todo tu ser cada vez que dices: "¡Éste es un momento grandioso!" Así funciona la vida Es la diferencia cósmica entre el "¡Oh, sí!" y el "¡Oh, no!"

> *La energía fluye por todo tu ser cada vez que dices: "¡Éste es un momento grandioso!"*

Por esta razón los niños de tres años no pueden estarse quietos. Para los *tresañeros*, todo es fresco y emocionante. Son canales de energía. Si lograras que un niño de tres años se preocupara por las hipotecas y las cuentas del médico, estaría tan cansado como sus padres.

Bloqueos

Los chinos entienden la energía. La medicina china explica la razón por la que, cuando te enojas con tu novio, te da un dolor de cabeza terrible. Tensas el cuello y los hombros, cierras el flujo de energía en tus "meridianos" y te duele la cabeza.

Siempre que resistimos una situación, siempre que decimos: "Esto no está bien", bloqueamos el flujo de energía.

El masaje o la acupuntura remueven el bloqueo. (Lo mismo lograrías perdonando a tu novio.) Te relajas, la energía fluye y ya no hay dolor de cabeza.

Todos somos canales, canalizamos energía e inspiración. La palabra "entusiasmo" viene del latín *enthusiasmus*, que significa *inspiración divina, poseído por un dios*. Cuando somos entusiastas, la fuerza vital circula en nosotros y estamos conectados con todo. Pero cada vez que decimos: "Éste es un mal momento", cada vez que encontramos una falta, cada vez que juzgamos a las personas y los sucesos, atascamos nuestro canal.

Cuando la electricidad no puede viajar por un cable o atravesar un pedazo de cinta plástica, decimos que encuentra "resistencia". Cuando hay suficiente resistencia, la energía eléctrica deja de fluir por completo.

Lo mismo sucede contigo. Cuando la energía no puede fluir por tu ser, se debe a un bloqueo o resistencia. ¿Cómo reconocer la resistencia? Suena parecido a esto:

- "Odio este tránsito."
- "Odio mi trabajo."
- "Siempre estoy quebrado."
- "¡Tal vez me enferme!"
- "¡Debí casarme con su hermana!"

Ahorrar energía

No puedes ahorrar energía como si fuera dinero en el banco. Mientras menos amas, menos amor circula por ti. Mientras menos energía gastes, menos energía fluye.

La miseria y la apatía apagan tu energía. Es por ello que la gente deprimida casi siempre está exhausta. La pasión por la vida y la gente restaura el flujo.

Cómo permanecer atascado

Aquí te presento cómo permanecer atascado en un trabajo, situación o relación: busca las cosas que están mal.

Mientras más razones logres encontrar para estar desilusionado o resentido, más resistencia creas y más lentamente se moverá la vida. No eres castigado; simplemente ahogas tu fuerza vital.

Entonces dices: "¿Necesito ser más tolerante?"

No. Sólo no pongas tanta resistencia, relájate. Debemos movernos de la resistencia a la…

Aceptación

Hoy no juzgaré nada que ocurra.[24]
Un curso de milagros

Tal vez estés quebrado en este momento. Tal vez has perdido el trabajo o a un ser querido. A lo mejor estás enfermo. Dices: "No sé qué hacer."

He aquí lo primero que debes hacer: aceptar tu situación. Para cambiar las cosas, primero debes hacer las paces con tu situación. Olvídate de la culpa, olvídate de los "qué hubiera pasado si..." El progreso depende de la aceptación.

Aceptación no significa: "Quiero quedarme aquí." La aceptación significa: "Aquí es donde estoy y ahora me moveré a donde yo quiero."

En lugar de : "Mi matrimonio es un lío por eso estoy enojada y resentida", se parece más a: "Mi matrimonio es un lío. ¡Qué buena experiencia para aprender! Ahora mi vida puede mejorar."

La aceptación no equivale a darse por vencido. La aceptación es el reconocimiento de que "ésta es una parte de mi viaje". No es raro que signifique: "Ahora mismo no tengo idea de por qué tenía que ser esto parte de mi viaje, pero lo acepto de cualquier manera." "Necesitaba estar aquí" no significa "tengo que quedarme aquí".

En una cáscara de nuez

La lógica te dirá lo siguiente: "¡Si acepto este momento espantoso estaré atascado en él para siempre!" De hecho, lo contrario es verdad. La aceptación te permite seguir adelante.

¿Cómo practicar la aceptación?

¿Quieres probarte que el pensamiento positivo funciona?

Intenta esto: cada mañana, al despertar, di: "Esto es perfecto. El lugar en que estoy es perfecto. Todos mis errores son perfectos. Mi vida hasta ahora ha sido la preparación perfecta para graduarme hacia algo mejor."

¿La palabra "perfecto" parece demasiado extrema? Entonces intenta usando el término "bien". Siempre que las cosas parezcan ir mal

—pierdes un vuelo, las llaves de tu casa o te pasan por alto para un ascenso— di: "¡No sé por qué, pero esto está bien!" y luego busca razones para sentirte feliz en ese momento.

¿Qué sucederá? Tu energía cambiará y tu vida cambiará también.

¿Qué pasa cuando aceptas las cosas como son? La frustración se disuelve hasta convertirse en fascinación. Aún tienes retos, pero se resolverán casi sin esfuerzo. Discutes menos, dejas de probar que otros están mal, dejas de quejarte. Buscas las cosas buenas y, al hacerlo, la vida te da más cosas buenas. Los amigos, los amantes y las oportunidades aparecen casi como por arte de magia. Tienes la sensación de que el universo conspira para hacerte feliz.

> *"Necesitaba estar aquí" no significa "tengo que quedarme aquí".*

Para tener una vida hermosa, no necesitas saber todo sobre todo, ¡y ni siquiera debes ser muy listo! Es más una cuestión de aceptar la situación en que te encuentras, percibiendo lo mejor de la gente y creyendo que la vida terminará por estar siempre bien.

En una cáscara de nuez

La aceptación es poder.

El perdón

16

¿De dónde sacamos la idea de que si no perdonamos
a la gente, la gente sufre? ¡Es una locura!

Digamos que:

a) eres mi jefe y me corres; o

b) eres mi chica y te vas con
mi mejor amigo.

Así que digo: "¡Nunca te
perdonaré por eso!" ¿Quién sufre?
¡Tú no! Yo estoy yendo y viniendo
por el pasillo. Yo tengo los dolores
de cabeza y la indigestión. Yo
soy el que pierde el sueño. Y tú,
¡probablemente estás de fiesta!

¡Si no te perdono, arruino
MI vida!

¿Es fácil perdonar? Por
lo regular, no. Es difícil perdonar
a la gente porque, al hacerlo, nos
concentramos en lo que "ellos
hicieron". ¡Así que nos ponemos cada
vez más enojados!

De modo que aquí les ofrezco una
idea que puede ser útil: ni siquiera

*Para perdonar a la
gente no necesitas
estar de acuerdo con lo
que hicieron.*

TRATES de perdonar a la gente. Sólo busca sus cualidades positivas, cosas
que apreciar en ellos. Si puedes dar con una cualidad y te concentras
en ella, tarde o temprano encontrarás algo más que apreciar. Y
conforme ves más y más cosas buenas, tu relación sanará.

Mientras tu relación sana, el pasado se ocupará de sí mismo.

Para perdonar a la gente no necesitas estar de acuerdo con lo que
hicieron. Sólo desea que tu vida funcione.

En una cáscara de nuez

No perdonas a la gente para su beneficio. Lo haces por tu propio bien. Y hay más sobre este tema...

Se requiere de dos

Si yo creo que:

- La vida es injusta.
- Todo mundo es falso.
- Todos los jefes son abusivos.

Atraeré experiencias que prueben la veracidad de mi sistema de creencias. Aparecerá gente en mi vida que me vaciará la cuenta bancaria, me romperá la nariz o me plantará en el altar. Mis pensamientos de baja calidad derivarán en experiencias de baja calidad.

¿*Deseo* las experiencias infelices? No.

¿Elijo vivir esas *mismas experiencias*? No.

No obstante, la calidad de mis sentimientos determina la CALIDAD de mis experiencias.

Si, por ejemplo, Jim viene y me da un golpe en la boca, Jim es simplemente lo que caza a la perfección con lo que siento por mí en ese momento. Si no fuera él, entonces hubiera sido un vecino o un perfecto extraño el que me golpea con una correa.

NO SE TRATA DE JIM. Yo hice posible la "ventana" para que me llegara un golpe en la boca. Una persona que se siente mal consigo misma atrae a otra persona que tiene ganas de golpear a alguien. ¡Perfecto!

Así que, ¿tiene sentido culpar a Jim si yo cree las condiciones para que me golpeara? La respuesta es: no.

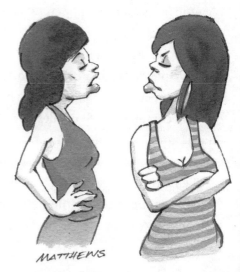

MATTHEWS

ANDREW
MATTHEWS

"Deja de golpearte."

En este punto podrías decir: "¡Espera! ¡Esto es ridículo! ¿Qué clase de idiota podría decir 'nunca culpes a otros'?"
Y la respuesta es: TODOS LOS MAESTROS ESPIRITUALES QUE HAN VIVIDO, porque entienden cómo funciona la vida.

- La gente parece arruinar tu vida mientras tú creas que arruinan tu vida.
- Tú estás creando tu experiencia de vida.

Tus creencias te mantienen atascado justo donde estás.

En una cáscara de nuez

No perdonas a la gente porque seas santo o espiritual. La perdonas porque es PRÁCTICO. Permanecer resentido con la gente te mantiene ATASCADO. El perdón te libera. Y aún hay más...

¡Perdónate!

No son los demás a quienes más culpamos; solemos culparnos más a nosotros mismos.

La mayor parte de nosotros tuvimos padres que no se sentían muy bien consigo mismos, así que encontraban faltas en nosotros. Por eso crecimos creyendo que:

- "Soy estúpido."
- "Estoy demasiado gordo, flaco, feo, chaparro..."

"Necesito probarme"

También tenemos esa voz en la cabeza: el crítico interior es un abusivo invisible que siempre nos acecha, listo para despedazarnos.

- "No eres suficientemente listo, no es posible amarte, no eres bello."
- "Necesitas ganar más dinero, comprar más cosas, ganar más trofeos, ser más impresionante."
- "Deberías ser como tu hermano, hermana, padre, vecino."

Silenciar al crítico interior

Preguntas: "¿Y cómo puedo silenciar al crítico interior?"

Durante los últimos cincuenta años, los psicólogos y los terapeutas nos han dicho: "¡Aumenta tu autoestima! Cuando te sientes mejor contigo mismo, el crítico te dejará en paz."

Pero el problema es que tratamos de aumentar nuestra autoestima comparándonos con otras personas. Nos decimos:

- "Estoy bien porque soy más delgada que ella."

- "Estoy bien porque me ascendieron, gané un trofeo y manejo un Audi."
- "Estoy bien porque estoy por encima del promedio."

¡Pero todos podemos estar por encima del promedio! Y no podemos estar por encima del promedio en todo.

La autoestima funciona cuando todo va bien. ¿Pero cómo mantener una buena imagen de ti cuando te acaban de correr o te acabas de divorciar o luchas con la adicción? Es como tratar de correr un maratón con la pierna rota.

La autocompasión

Muchos expertos recomiendan ahora otra forma de hacer las cosas. Se llama autocompasión: cuando dejamos de maltratarnos y de compararnos con otras personas.

"Necesito ganar más dinero, más trofeos, probar que tengo razón..."

Con la autocompasión dejamos de formular preguntas como: "¿En qué sentido soy diferente?" "¿Por qué soy mejor?" Empezamos a hacernos preguntas como: "¿En qué soy igual a todos los demás?"

Así nos damos permiso de ser imperfectos. Nos tomamos tiempo para darnos cuenta del momento en que nos dolemos. Es interesante que, mientras menos nos criticamos, más efectivos nos volvemos. Mientras menos compitamos con los demás, más nos conectamos con la gente.

¿En qué ayuda la autocompasión? Aquí está el detalle:

- Si me CRITICO me siento mal. Cuando me siento mal, la vida se ensaña conmigo: me dejan plantado, me engañan, me explotan y quedo exhausto.
- Si me ACEPTO, me siento bien. Cuando me siento bien, soy amado y apreciado. Me llegan oportunidades. Las cosas funcionan.

Hay muchos libros y sitios web útiles sobre cómo poner en práctica la autocompasión: www.compassionfocusedtherapy.com.au y www.self-compassion.org

El secreto para sentirse amado

La doctora en sociología Brené Brown[25] pasó diez años estudiando a la gente que se siente amada y a la que no se siente así. ¿Cuál es la diferencia? ¿La gente amada es más bella e inteligente o está más de moda? ¿La gente que no se siente amada comete más errores? No.

He aquí lo que Brown descubrió: LA GENTE QUE SE SIENTE AMADA CREE QUE MERECE SER AMADA. Así de simple.

Si has cometido errores estúpidos, la culpa no los arreglará. Si eres imperfecto, bienvenido al club. Si quieres sentirte amado, perdónate por no ser perfecto.

Sólo existe una relación

Tus relaciones no tienen que ver con tu jefe, novia, familia y amigos. Tu felicidad no depende de ELLOS. Sólo hay una relación que importa, y es la que consiste en cómo te sientes contigo. El resto son espejos.

Nadie ha tenido una canción que rompa marcas de venta, ganado un torneo o mantenido un empleo o amistad sin creer que lo merecía. Nadie ha sido amado durante toda la vida sin creer que era digno de ese amor.

En una cáscara de nuez

El problema no es que Dios te juzgue; el problema es que te juzgas tú.

Tu cuerpo milagroso

17

Si das a cualquier grupo de pacientes una simple píldora de azúcar para curar el asma, la depresión o una alergia, cerca de 33 por ciento reportará mejoría o cura. La medicina llama a esto *efecto placebo*.

Dices: "De acuerdo. Los placebos pueden funcionar para cosas que están *en la mente* —como la depresión—, ¿pero qué hay de los problemas REALES? ¿Qué me dices de las cosas físicas como la osteoartritis?"

Falsa cirugía

El doctor Bruce Moseley, cirujano ortopédico, fue el autor y líder de un estudio médico realizado en la Escuela de Medicina Baylor.[26] El estudio se propuso determinar cuál de dos procedimientos quirúrgicos comunes daba mayor alivio a pacientes con dolor de rodilla agudo.

El estudio contó con 180 pacientes, divididos en tres grupos de 60:

- El grupo A fue sometido a cirugía: Moseley rasuró el cartílago dañado de la rodilla.
- El grupo B fue sometido a cirugía: Moseley enjuagó la articulación dañada y removió cualquier material que pudiera causar el dolor.
- El grupo Placebo fue sometido a una operación falsa. Moseley hizo tres incisiones en la piel, *fingió* operar y cosió las incisiones después de cuarenta minutos.

Al grupo Placebo se le hizo creer que había tenido una cirugía verdadera durante dos años antes de decir la verdad: "Los engañamos. ¡No hubo cirugía!"

¿Y los resultados?

Los grupos A y B sometidos a cirugía real progresaron como se esperaba. En el caso del grupo Placebo que NO fue operado, la mejoría fue IGUAL a la de los operados. Un miembro del grupo Placebo, Tim Pérez, estuvo limitado a caminar con ayuda de un bastón. Después de la falsa cirugía, fue capaz de jugar basquetbol con sus nietos.

El doctor Moseley observa lo siguiente:

Mientras mayor sea el tratamiento que los pacientes creen que recibirán, mayor es el efecto placebo; en general, las píldoras más pequeñas tienen menor efecto que las más grandes, y las píldoras no tienen un efecto tan grande como las inyecciones, y las inyecciones tienen un efecto menor que las intervenciones quirúrgicas...[27] ¡El poder de la fe!

Esto no debería sorprendernos. La primera prueba sobre el efecto placebo tuvo lugar en 1801 y la investigación médica ha seguido demostrando el mismo fenómeno desde entonces.

¿Cómo puede ser esto? Aquí les refiero lo que sabemos: si tu úlcera se cura, se te quita la depresión o desaparece el dolor artrítico en tu rodilla, mucho depende de lo que crees. Esto genera algunas preguntas.

Si los placebos funcionan para una tercera parte de los pacientes, ¿por qué no funcionan para todos?

Tal vez porque las drogas reales tampoco funcionan para todos. La fe es parte de la ecuación y algunos pacientes no creen que pueden ser curados. Por extraño que parezca, algunos no quieren curarse.

¿Por qué funcionan los placebos?

Una píldora de azúcar o una operación imaginaria te da expectativas y esperanza, y cuando crees tu energía cambia. Cuando te sientes mejor, te curas mejor.

Cuando la gente descubre que un placebo ayudó a sus cuerpos a curarse, suelen sentirse avergonzados, como si dijeran: "¡Una píldora de azúcar me hizo sentir mejor! Todo estaba en mi mente. ¿Estoy loco?"

Lo que deberíamos decir es: "Una píldora de azúcar me hizo mejorar. ¡Soy milagroso!"

¿Cómo puede la mente influir en las células del cuerpo para efectuar una cura cuando ni siquiera sabemos lo que nuestro cuerpo debe hacer para arreglar el problema?

Así son las cosas. Nunca hemos tenido idea de cómo funciona nuestro cuerpo.

Cuando te cortas en un dedo, ¿tienes que pensar en hacer una costra, crear tejido cicatrizante, remendar y hacer crecer los capilares? Cuando comes una pizza, ¿te concentras en digerir esa última anchoa? ¿Qué sabes del remplazo de todo el recubrimiento de tu estómago (lo que sucede cada dos días) o de la producción de bilis o del crecimiento de las uñas?

Justo en este momento, las células de tu cuerpo están digiriendo, respirando, deshaciéndose de los desperdicios, formando proteínas, replicando tu ADN, vigilando las toxinas y los depredadores, enviando mensajes. Hay unas 100 mil reacciones químicas que tienen lugar en CADA célula de tu cuerpo cada segundo.

Cada célula es como un universo entero. En sólo una célula de tu nariz, de tu hígado o de tu recto, hay 6 billones de cosas sucediendo cada segundo.

Tienes unos 50 billones de células en tu cuerpo; de modo que hay 300 000 000 000 000 000 000 000 000 de cosas sucediendo en tu cuerpo cada segundo. ¿Y cuánto sabías de todo eso?

Es tu mente subconsciente la que se encarga de todo. Eres un PASAJERO.

¡Pero está en mis genes!

Dices: "De acuerdo, pero debe haber un límite para lo que la mente puede hacer. ¿No está determinada nuestra salud por los genes?"

En la década de 1960, mucho antes de que hubiéramos oído hablar de la genética, el doctor Bruce Lipton ya estaba clonando células madre y estudiando el ADN. En su *best seller* titulado *The Biology of Belief,*[28] Lipton se basa en casi 50 años de investigación para explicar que hemos exagerado al asumir que nuestra vida está determinada por nuestros genes.

> *Tus genes no son como una bomba de tiempo esperando a explotar.*

De acuerdo con Lipton, tus genes son solamente un plano de lo que PODRÍA suceder. Estamos ante un plan, una posibilidad. Por ejemplo, si tienes un plano para construir un librero y lo dejas en tu portafolios, el librero nunca se construye. El plano no puede construir el librero. El ambiente necesario para construir un librero te incluye a ti y a tu desarmador.

Sucede lo mismo con los genes: no son como una bomba de tiempo esperando a explotar. El comportamiento de tus genes depende del *ambiente*. Algo debe activar o desactivar tu ADN. Lo que lo activa o desactiva es el medio ambiente que creas con tu estilo de vida y tus pensamientos al nivel cuántico, en el que la materia aparece y desaparece.

El doctor Lipton se refiere al trabajo del eminente científico y médico, Dean Ornish. Lipton dice: "Ornish reveló que con sólo cambiar la dieta y el estilo de vida por 90 días, los pacientes con cáncer de próstata cambiaron la actividad de más de 500 genes."[29] Agrega Lipton: "Algunas personas vienen con genes defectuosos y con su mente pueden reescribir esos genes y hacerlos normales."

Explica: "No tenemos por qué sufrir el destino de nuestros genes porque somos los amos de éstos. No somos víctimas a menos que nuestro sistema de creencias diga que lo somos."

Por esa razón el doctor Lipton tituló su libro *The Biology of Belief*.

La emoción

Tradicionalmente, los científicos no reconocen cosas confusas como las emociones, pero esto va cambiando

Candace Pert, reconocida farmacóloga, ha pasado décadas estudiando por qué nos sentimos como nos sentimos

Pert ha publicado más de 250 artículos científicos. Entonces, ¿qué puede decirnos la estimada científica laboratorista sobre cómo interactúan las emociones con el mundo "real"? ¿Y qué tan importantes son nuestros sentimientos? Pert dice:

> **Ya no podemos pensar que las emociones tienen menos validez que la sustancia material, física, sino que debemos verlas como señales celulares que están involucradas en el proceso de la traducción de la información a la realidad física, literalmente transformando la mente en materia.**[30]

Al igual que Einstein y la física cuántica demostraron que *toda la materia es energía*, Pert sugiere que *toda la energía es información*. Ésta es una forma útil de ver tu cuerpo y el resto del universo.

En una cáscara de nuez

La medicina occidental empieza a aceptar lo que la medicina oriental ha sabido desde hace 6 mil años.

- Los pensamientos negativos son tóxicos.
- El bienestar y la enfermedad empiezan en la mente.

Tu corazón

18

¡Cuánto solemos hablar de nuestros corazones! Decimos que alguien tiene un *gran corazón, corazón de pollo, corazón duro, corazón blando, corazón de piedra, corazón negro, corazón herido, corazón roto* o hasta que alguien *no tiene corazón*. Y nadie dice: "¡Te amo con todo mi cerebro!"

Algo más: cuando nos señalamos, nunca señalamos nuestra cabeza. Señalamos nuestro corazón.

Si los sentimientos crean nuestra experiencia de vida, surgen algunas preguntas lógicas:

- ¿Emite el corazón una energía fuerte?
- ¿Las culturas tradicionales reconocen la energía del corazón o de los sentimientos?
- ¿Es el corazón más que una bomba?

¿Podemos medir la energía que viene del corazón?

Es una pregunta formulada por un grupo de científicos del Instituto de HeartMath: www.heartmath.com.

HeartMath[31] descubrió que "el corazón produce, por mucho, el más poderoso campo electromagnético rítmico del cuerpo." Este campo de energía tiene unos tres metros de diámetro y circunda tu pecho como si fuera una enorme dona.

El campo electromagnético del corazón es 5 mil veces más intenso que el campo que rodea a tu cerebro. ¡Esto es significativo! De pronto, la idea de que tu *forma de sentir* define tu destino suena mucho más razonable.

Un misterio

En los últimos 50 años, hemos aprendido mucho sobre el cerebro, pero menos sobre el corazón. No sabemos por qué el corazón comienza a latir en el vientre materno y no sabemos por qué un corazón sigue latiendo después de ser desconectado del cerebro.[32] Si pones un grupo de

> *Tu corazón no sólo sabe cosas; las recuerda.*

células cardiacas en un plato de laboratorio —estando separadas— latirán a un solo ritmo. ¿Cómo sucede esto? ¿Cómo saben hacerlo?

Más misterios

El doctor Paul Pearsall, psiconeuroinmunólogo, pasó treinta años estudiando a la gente que ha tenido trasplantes de corazón. Reunió 140 reportes y cintas de audio de pacientes que recibieron el corazón de otras personas.

En su *best seller*, *The Heart's Code*, cuenta la historia de pacientes que desarrollaron las conductas y pasiones de los donantes de su corazón ANTES DE SABER cualquier cosa sobre los donantes. Por ejemplo:

- Una mujer de 35 años recibió el corazón de una bailarina desnudista. Reportó que antes del trasplante, el sexo no constituía una parte importante de su vida. Explicó que, después de la operación: "Quería tener sexo cada noche... Ahora canso a mi esposo... solía odiar los videos XXX y ahora los amo... pienso que me quedé con su deseo sexual."

- Un hombre de 52 años que recibió el corazón de un muchacho de diecisiete años, dijo: "Amaba la música clásica antes de tener mi nuevo corazón. Ahora me pongo los audífonos, le subo al estéreo y disfruto del rock & roll."

En su autobiografía titulada *A Change of Heart*, Claire Sylvia[34] relata su propia transformación. Antes de recibir un trasplante de corazón y pulmón, era conservadora y consciente de su salud. Después del trasplante desarrolló una pasión por la cerveza, los *nuggets* de pollo y las motocicletas. Cuando habló con la familia del donante, descubrió que había recibido el corazón de un motociclista bebedor de cerveza y amante de los *nuggets* de pollo.

El doctor Pearsall cuenta la historia de una niña de ocho años que recibió el corazón de una niña asesinada de 10 años. La de ocho empezó a tener pesadillas y dijo conocer la identidad del asesino de su donante de corazón.

La policía usó las descripciones y evidencias proporcionadas por la niña de ocho años para arrestar al asesino, quien fue declarado culpable. Pearsall reporta: "La hora, el arma, el lugar, la ropa que usaba, lo que la pequeña niña asesinada había dicho al asesino... todo lo que reportó la receptora del corazón era exacto."[35] ¿Cómo pudo ser?

Una idea emergente dice que TODAS las células —no sólo las del cerebro— tienen memoria. El código del ADN está contenido en cada célula de tu cuerpo. Así que al parecer sucede lo mismo con la memoria.

El concepto occidental es que el cerebro es el rey y el corazón una bomba. Pero el corazón tiene un sistema nervioso propio. El corazón es un órgano consciente. Tu corazón no sólo sabe cosas; las recuerda.

Lo que saben las culturas tradicionales

Las culturas tradicionales saben sobre la *fuerza vital* o la *energía del corazón*. Los polinesios la llaman *maná;* los indios y tibetanos *prana;* los iroqueses *orendam,* los pigmeos ituri *megbe;* la medicina china y japonesa *chi*.

La medicina occidental le dice *tontería*.

En occidente tendemos a adorar al cerebro e ignoramos al corazón. La medicina occidental no tiene una palabra —o un lugar— que denote a la "fuerza vital", al "prana" o al "chi". Y precisamente en occidente los males cardiacos están fuera de control. ¿Nos estará diciendo algo la naturaleza?

En una cáscara de nuez

Tus sentimientos no son sólo productos incide de tus pensamientos. Tus sentimientos son tu fuerza vital. Son la línea de vida que te une al universo. ¿Debería sorprendernos esto? El primer órgano que se formó en el vientre materno fue tu corazón.

"Sé que mi esposo puede ser
amoroso y amable.
Así se porta con el perro."

Todos estamos conectados

19

¿Es egoísta buscar la felicidad?

Las pruebas psicológicas indican que, cuando eres feliz, es más fácil que prestes dinero a la gente o ayudes a cargar las bolsas del supermercado. Pruebas similares sugieren que cuando eres miserable es más probable que robes una cartera o patees a un perro.

De manera que *tu felicidad* beneficia a todos los que te rodean y a todos los perros del vecindario.

Las cosas no paran ahí...

Ayudar a la gente a distancia

Durante la guerra entre Israel y Líbano, en 1983, el doctor Charles N. Alexander y el doctor David Orme Johnson[36] condujeron un estudio asombroso en Jerusalén.

Querían averiguar: "¿Qué sucede cuando un grupo de personas se sienten pacíficas? ¿Y qué sucede si un grupo de personas se siente feliz y en paz en medio de una zona de guerra?"

Por dos meses, entre el 1 de agosto y el 30 de septiembre, un grupo de meditadores, cuyo número osciló entre los 65 y los 241 individuos, meditaron dos veces al día en un hotel de la parte este de Jerusalén. Su misión era simplemente reunirse y sentirse en paz. ¿Y qué pasó?

Durante esos dos meses, las muertes de guerra, los ataques terroristas, los incendios, las emergencias hospitalarias y los accidentes automovilísticos disminuyeron notablemente, en Líbano, Jerusalén e Israel. Hubo una relación precisa entre los hechos.

El doctor Alexander y el doctor Orme-Johnson hicieron un sofisticado análisis que incluía variables como el clima, los días de la semana y las festividades. Los datos demostraron que cuando comenzó el experimento, la violencia disminuyó inmediatamente. Cuando participaron más meditadores, la violencia disminuyó aún más. Cuando el experimento se terminó, la violencia retornó a niveles anteriores.

Su trabajo de investigación, *The International Peace Project in the Middle East,* está disponible en línea.[37]

Estudios similares a éste se han realizado en Puerto Rico, Filipinas, Delhi, India y en veinticuatro ciudades de Estados Unidos. Sólo se requiere de un grupo pequeño para hacer la diferencia: unas cien personas por cada millón de habitantes.

¿Qué más?

Podrías preguntar: "Si estamos conectados invisiblemente, ¿no debería haber evidencia científica?" La hay. He aquí algunos ejemplos:

- En 1988, el doctor Randolph Byrd[38] condujo un experimento en la unidad de cuidados coronarios del Hospital General de San Francisco; demostró que los pacientes de males cardiacos por los que rezaban en grupos aleatorios repartidos alrededor del mundo, se recuperaban significativamente mejor que pacientes por los que no rezaban.
- El experto en biorretroalimentación, doctor Elmer Green,[39] ha comparado la energía electrostática liberada por los cuerpos de la gente ordinaria (10-15 milivoltios), con la energía electrostática liberada por los meditadores cuando meditan y por los sanadores cuando sanan. Se encontró que los sanadores producían voltajes de hasta 190 voltios, o 100 000 veces la cantidad normal.
- En 1966, Cleve Backster[40] conectó un polígrafo (detector de mentiras) a una planta en maceta. Sentía curiosidad por saber si su dracaena reaccionaba al ser regada. Cuando el polígrafo obtuvo una respuesta leve, él se preguntó: "¿Qué sucedería si quemara una hoja?" Fue entonces que la plumilla osciló

salvajemente y casi se sale de la página. ¡Backster ni siquiera había quemado la planta todavía! Solamente había *pensado hacerlo*. Backster se encontró con algo importante. Pasó los siguientes 30 años investigando para demostrar que las plantas, los cultivos de moho, los huevos y hasta el yogur tienen una conciencia de su entorno que llamó "percepción primaria".

● El ganador del Premio Nobel, Niels Bohr, descubrió que, una vez que las partículas subatómicas han tenido contacto entre sí, la influencia que cada una genera sobre la otra dura por siempre. Para explicarlo, imaginemos dos partículas; las llamaremos Bob y Alice. Pasan juntos una noche loca en Río de Janeiro y luego Bob se muda a Miami. He aquí lo asombroso: siempre que Bob cambia la velocidad a la que está girando, Alice la cambia también. Incluso si Bob se muda al otro lado del universo, cuando cambia la velocidad de su rotación, Alice la cambiará también. Exactamente en el mismo instante.

Este fenómeno en que las partículas permanecen vinculadas por siempre se conoce en física cuántica como "entrelazamiento". Mi amigo físico cuántico, Phil, explica: "No se necesita ser un genio para darse cuenta de que, como todo fue creado al mismo tiempo entonces, todo está entrelazado. Y eso nos incluye a ti y a mí".

El fenómeno en que partículas como Bob y Alice, a millones de años luz de distancia, bailan en perfecta sincronía, sin importar el tiempo y la distancia, se conoce como "nolocalidad".

¿Qué otra prueba necesitamos de que todo está conectado?

Por 2 mil 600 años los budistas han dicho que toda la vida está conectada, y tú eres parte de ella.

Las culturas aborígenes lo saben. Para citar al doctor Bruce Lipton: "Las culturas aborígenes no hacen las distinciones usuales entre rocas, aire y humanos: todos están imbuidos de espíritu, de la energía invisible. ¿No suena esto familiar? Éste es el mundo de la física cuántica en que la materia y la energía están completamente entrelazadas".[41] Éste es el universo en el que vivimos. Damos por hecho las ondas de radio y el ultrasonido. Y las microondas: ¿no es asombroso que puedas estar parado dentro de un elevador de acero sólido y recibir una llamada de tu madre? ¿Cómo es que tu madre atraviesa el acero sólido?

Los humanos son simplemente transmisores sofisticados y receptores. Edison y Einstein no tenían dudas al respecto.

Las partes reflejan al todo

La idea de que toda pequeña partícula está conectada al todo no es nueva. Aquí tenemos algunos ejemplos:

- Hologramas, esas imágenes en 3D que solemos ver en las tarjetas de crédito y los empaques del *software*. Podrías tener, por ejemplo, la imagen de un águila. La imagen entera está contenida en cada parte del holograma. Si rompes el holograma en mil pedazos, obtienes mil imágenes completas pequeñas de un águila.
- Cada célula de tu cuerpo contiene el código de ADN de todo tu cuerpo.

¿Recuerdas el principio de exclusión del profesor Wolfgang Pauli: los elementos de todo el universo se ajustan continuamente y responden a la relación entre sí? ¿A qué se parece esto?

Se parece al funcionamiento de una sola célula. Se parece a cómo cooperan 50 billones de células en tu cuerpo. Se parece al efecto Gaia: cómo la Tierra procura continuamente su equilibrio.

Hace cien años, el ganador del premio Nobel y descubridor de la física cuántica, Max Planck, descubrió que *un vacío no es un vacío*. El espacio vacío es un *hervidero de actividad*.

Si el universo es en realidad un hervidero de actividad clamorosa y no existe eso que llamamos espacio vacío, entonces todo ESTÁ conectado con todo lo demás.

En una cáscara de nuez

El universo entero es una cosa viviente, que respira y es consciente. Podríamos llamarla conciencia universal.

La inspiración

20

¿Qué tan seguido te pasa esto? Intentas pensar en qué dirás en el discurso o dónde encontrar el archivo que falta. Estás sentado en el excusado sin siquiera intentar resolver el problema cuando, de la nada, sabes la respuesta.

O tal vez has pasado semanas preguntándote qué comprar a tu mamá como regalo de cumpleaños. Te enjabonas en la regadera y ¡bingo! ¡Das con la solución perfecta!

Este tipo de soluciones surgen de la mente subconsciente. Ya tocamos este tema.

El subconsciente sólo se ocupa cuando estamos relajados y para muchos de nosotros, esos momentos se dan cuando estamos en el baño. De hecho, ¡tienes que relajarte para hacer el trabajo!

Es trabajo de la conciencia plantear el problema para establecer la meta. Más allá de esto, la conciencia tiene un valor limitado.

Todos estamos abiertos a recibir guía interna e inspiración Podemos obtener ayuda de una fuente más alta que nuestro ser físico. No importa si eres una persona que se siente cómoda con términos como *Dios, fuente* o *sabiduría infinita*, pero necesitas pedir y escuchar *seriamente*. La comunicación interna es como la comunicación regular entre la gente. Para obtener ayuda, debes estar abierto a recibirla.

El problema con el ego

Imagina que yo quisiera ir a la estación de trenes y te parara en el camino para decirte: "¿Me puede informar cuál es el camino para llegar a la estación de trenes? En realidad, conozco el camino y he hallado la ruta antes con bastante éxito, y tengo buenas razones para estar aquí y no allí en este momento, y no necesito en realidad la ayuda de nadie, pero me da curiosidad saber si usted sabe tanto como yo. En verdad estoy bien y puedo encontrar el camino por mis propios medios."

¿Me ayudarías a llegar a la estación? No es muy probable.

Estoy justificando todas mis acciones. Ya tengo todas las respuestas y, de cualquier manera, no estoy escuchando. Mi ego se ha interpuesto.

Pero qué pasaría si hubiera estado deambulando por las calles tres días y me acercara a ti balbuceando, sediento y exhausto, para decir: "¿Cómo llego a la estación?"

Esta vez tengo hambre de información. No pongo excusas y no me preocupa lo que pienses de mí. Mi ego está fuera del camino. Estoy en un estado de completa no resistencia. Ahora estoy escuchando y puedes ayudarme.

En la vida diaria podemos recibir ayuda sólo si estamos abiertos a recibirla. Lo mismo sucede con la guía interior, la inspiración y la intuición.

¿Debes arrodillarte antes de obtener inspiración? De ninguna manera. La forma más fácil de obtener inspiración es ser feliz y agradecido. Entonces la vida fluye y cuando necesitas las ideas las obtienes, y justo entonces te encuentras en el lugar correcto a la hora correcta.

Para dar al traste con todo debes estar enojado, desilusionado o deprimido. Mientras nos peleamos con todos e insistimos en que el mundo está mal, mientras nos llenamos de excusas, nuestra mente está demasiado distraída incluso para registrar cualquier ayuda.

En una cáscara de nuez

Nada cambia si eres cristiano, musulmán, budista, cienciólogo, ateo o comunista; seas quien seas, puedes pedir ayuda y obtenerla.

¿Escucharé una voz que viene del cielo?

Cuando estás abrumado y tenso, tu mejor estrategia es decir: "Por favor, muéstrame el siguiente paso." Si eres humilde y te abres lo suficiente para decir: "Sólo muéstrame qué debo hacer hoy", y pides la misma ayuda mañana, puedes encontrar el camino completo para salir del hoyo.

> *La forma más fácil de obtener inspiración es ser feliz y agradecido.*

Digamos que estás completamente quebrado. Has perdido tu empleo, tienes hambre, tu auto ha sido incautado y estás a punto de ser desalojado de tu vivienda. No ves la salida y decides pedir guía divina.

Ahora, para ti, la solución ideal puede ser el primer premio de 50 millones de dólares que ofrece la lotería, pero las soluciones también llegan en otras presentaciones. Muy probablemente, la ayuda será más bien un proceso paulatino. Obtener ayuda no significa que todo *será solucionado para nosotros*. Obtener ayuda significa hallar asistencia y dirección.

Pide y se te mostrará, pero usualmente no escucharás una voz proveniente del cielo. Puede tratarse de un amigo que te llama con una sugerencia útil. Puede tratarse de un libro o de un artículo de revista que te llega de pronto. Puede ser que, por una razón desconocida, pones la televisión en un canal que nunca ves y entonces miras un comercial también nunca antes visto.

Por lo regular recibimos ayuda y nunca la reconocemos. De modo que decimos: "No fue inspiración divina. En realidad fue mi viejo amigo Ted que llegó inesperadamente." De hecho, Ted fue parte de un proceso milagroso.

En una cáscara de nuez

Si preguntamos, hallaremos ayuda y guía. Cuando nos habituamos a dar gracias en silencio, la ayuda y la guía suelen presentarse cada vez más a menudo.

Encontrar tu billetera, encontrar respuestas

¿Qué tan seguido pierdes algo —las llaves, la cartera, tu teléfono— y buscas desesperadamente, sin suerte? Eventualmente te das por vencido. Te dices: "Si dejo de buscar, lo encontraré."

Abandonas tu búsqueda desesperada y sigues con tu día. Y luego, en cuestión de minutos y sin que haya razón alguna, cambias de lugar un cojín del sofá y ahí, cerca del descansabrazos, está tu cartera.

El secreto para hallar soluciones en la vida se parece mucho a encontrar tu billetera. Te dices: "Quiero encontrarla. La encontraré", y luego dejas de golpearte la cabeza contra la pared. Abandonas la búsqueda.

Necesitar no es de gran ayuda

Querer es una parte importante del proceso, pero me refiero al deseo relajado, no a la necesidad desesperada del tipo "esto está arruinando mi vida".

He aquí un matiz importante: el sentimiento de *necesidad*es es totalmente distinto al de querer las cosas. Necesitar se parece más a una desesperación. Cuando necesitas algo, tu atención se centra en lo que *no tienes*. Y cuando te concentras en lo que no tienes, seguirás sin tenerlo.

Querer algo es más una *feliz anticipación*. Cuando quieres algo, te concentras en lo que *tendrás*. Por esta razón lo obtienes.

Los compositores de canciones y los inventores suelen decir: "La idea vino a mí y nada más." Tal vez has pensado algo como: "¿Por qué no llegan a mí ideas brillantes? ¡Me gustaría inventar algo! Quisiera escribir una canción que sea un éxito." Cuando en verdad quieres las ideas y la inspiración, éstas llegan.

La cantante y compositora Carole King ha escrito más de 100 canciones exitosas. Dice: "Cuando estoy verdaderamente concentrada, me quito del camino y todas estas cosas llegan de pronto." *Sir* Paul McCartney, ex Beatle y autor de la tonada pop más grabada de todos los tiempos, dice que la melodía para "Yesterday" le llegó en un sueño. Dices: "¡Qué tipo tan suertudo! Toma una siesta y se despierta para componer la melodía más popular de la historia. ¡Me gustaría hacer eso!"

Sin embargo, hay más sobre este asunto. Estamos hablando de un hombre que dedica todo su tiempo a escribir música bella. Pasó su vida uniendo y desuniendo frases y música. Cuando amas tanto tu trabajo —y cuando pides ayuda a tu subconsciente—, obtienes las respuestas.

La otra mitad de la historia es que Paul pasó *meses* escribiendo la letra. Así que a veces te llegan arrebatos de inspiración y otras debes levantarte las mangas y ponerte a trabajar.

En una cáscara de nuez

El secreto para hallar soluciones —creativas, financieras, sobre las relaciones— consta de dos partes: 1, debes quererlas y 2, tu mente necesita un relajado estado de anticipación.

¿Y cómo se ajusta toda esta información "sentimental" a la espiritualidad?

Se ajusta a la perfección. Explica perfectamente la espiritualidad.

Explica por qué todas las grandes enseñanzas espirituales están cimentadas en el amor (sentimiento). No importa si eres hinduista, sikh, taoísta, cristiano, musulmán o judío, tú simplemente ABRAZA TUS CREENCIAS ESPIRITUALES DE MODO QUE SIEMPRE TE SIENTAS TAN BIEN COMO TE SEA POSIBLE. Podrías decir: "Pero no soy espiritual."

Si puedes deleitarte al ver dormir a un bebé, si te deja estupefacto un paisaje montañoso, si alguna vez te atrajo un elefante o un colibrí, si hallas alegría al remar en una canoa o hundirte en los ojos de un pastor alemán o de una ballena, eres espiritual.

La fuerza vital que mantiene unido a un diamante, que corre en un roble o en un gatito, es la misma fuerza vital que corre por tu ser y el mío. No puedes evitar ser espiritual. El universo transcurre a través de ti; el espíritu está en ti:

> **La primera paz, la más importante, es la que proviene del alma de la gente cuando se percata de su relación, de su unicidad con el universo y todos sus poderes, y cuando se da cuenta de que el centro del universo abreva del gran espíritu,**

y que este centro está en realidad en todas partes, dentro de cada uno de nosotros.

Alce negro, **médico tradicional Sioux**

En su obra clásica, *Autobiography of a Yogi*, Paramahansa Yogananda[42] cuenta la historia de su búsqueda de un gurú. Comienza a la edad de doce años. Viaja miles de kilómetros por toda India y eventualmente halla a su maestro viviendo casi en la casa de junto.

La historia de Yogananda es la historia de todo hombre.

Deseamos conectarnos con el poder del universo. Nos unimos a grupos, hacemos seminarios y escalamos montañas en el Tíbet. Visitamos catedrales y hacemos peregrinaciones, pero en realidad no necesitamos ir a ninguna parte:

> **No necesitas salir de tu cuarto. Permanece sentado en la mesa y escucha. Ni siquiera escuches, simplemente espera, permanece en silencio, quieto y a solas.. El mundo se ofrecerá libremente para que tú lo desenmascares. No tiene opción, se rendirá en éxtasis a tus pies.**
>
> *Franz Kafka*

En una cáscara de nuez

No estás separado de nada. No tienes que ir a ninguna parte para hallar el poder del universo. Lo encuentras al sentirte diferente.

TOM SIEMPRE SOÑÓ CON SER MILLONARIO.

UN DÍA, MIENTRAS PASEABA EN SU PEQUEÑO BOTE

SE TOPÓ CON UN GRAN TORMENTA.

LO DESVIÓ MILES DE KILÓMETROS DE SU CURSO ORIGINAL HASTA QUE TOM LLEGÓ A UNA ISLA

EN LA QUE ENCONTRÓ UN COFRE

¡LLENO DE DINERO!

TOM HIZO REALIDAD SU SUEÑO.

ANDREW MATTHEWS

Una mejor manera de alcanzar tus metas

21

¿Nos hace felices alcanzar nuestras metas? De acuerdo con la madre Teresa, no necesariamente. Ella dijo: "Más lágrimas se vierten sobre las plegarias respondidas que sobre las que permanecen sin respuesta."

¿Alguna vez trataste de conseguir algo OBTENIÉNDOLO —un aumento de sueldo, un grado académico, un trofeo— sin que te hiciera tan feliz como esperabas?

De modo que: ¿Hay algún problema con el establecimiento de las metas? No, a veces hay problemas con nuestra manera de establecer las metas.

Elegir metas específicas

Hay dos problemas para elegir metas *específicas*...

El PRIMER PROBLEMA: Cuando fijas tu mente en una esposa, auto o trabajo específico, estás eligiendo con base en lo que puedes ver. De modo que te limitas. No tienes manera de saber si es la *mejor opción para ti*.

¿Y el SEGUNDO PROBLEMA? Cuando fijas tu mente en algo, es muy difícil permanecer desapegado y feliz. Te la pasas pensando: "¿Alguien más se quedará con el auto, el empleo, el departamento o el futuro esposo antes que yo?"

Así que, si queremos ser felices, ¿el establecimiento de metas debe ser más complicado?

En realidad, necesita ser más simple.

La solución

Básicamente, hay dos formas de perseguir nuestros sueños. La DIFÍCIL...

Es cuando decimos: "¡Yo sé qué me conviene!" Elegimos metas muy específicas: debo tener a ESA chica, ESE trabajo, ESE auto. Debo viajar en ESE vuelo. A veces alcanzamos la meta, pero por lo regular quedamos desilusionados.

La vía FÁCIL consiste en ser menos específico...

Digamos que piensas que has encontrado el auto, trabajo, departamento o vacación perfecta. PARECE ser la respuesta a tus oraciones. ¿Qué haces? Comienzas a sentir que tu meta es felizmente alcanzada y he aquí lo que te dices:

"No son felices. Sólo piensan que son felices."

- "ese auto O ALGO MEJOR."
- "ese departamento O ALGO MEJOR."
- "el hombre perfecto para mí SEA QUIEN SEA."

Esta forma de pensar se convierte en tu forma de vida.

La magia consiste en que estás desapegado. Aceptas que tu mente consciente sólo puede ver una fracción del panorama.

- Antes de reservar un vuelo, te ves y te sientes viajando en el vuelo perfecto y dejas que las cosas se desarrollen.
- Antes de hacer una cita con el médico, dentista o contador, te ves y te sientes encontrando al profesional perfecto y dejas que las cosas se desarrollen.

- Antes de contratar a una secretaria, de reservar unas vacaciones, de asistir a una entrevista o a una cita, sientes cómo se desarrolla a la perfección.

No tratas de adelantar todo lo que sucederá. Sólo sabes que estás conectado con todo y que, cuando estás en calma y crees en el proceso, éste funciona.

El secreto

El gurú de India, J. Krishnamurti, dio una vez una conferencia. A mitad de su plática, se detuvo y preguntó a la audiencia: "¿Quieren saber cuál es mi secreto?"

El auditorio quedó en silencio. Todos se inclinaron expectantes. Todos querían saber. Krishnamurti continuó: "Éste es mi secreto: que no les importe lo que suceda."

Éste es el secreto del establecimiento de metas:

- Te sientes bien.
- Imaginas el resultado perfecto para ti.
- Haces lo que te parece necesario, momento a momento.
- No te importa lo que suceda.

Dices: "Andrew, ¡nos tomó cien páginas llegar a este punto!" Ahora dices: "¡Siéntete bien y no te preocupes por lo que suceda!" Correcto. Las mejores respuestas son SENCILLAS.

Los maestros espirituales suelen usar el ejemplo de la bellota, que contiene la idea del bello roble que está en su interior. No lucha por ser un árbol.

Lo mismo sucede con nosotros. Nacemos con la idea de una vida hermosa dentro de nosotros. Luchar no ayuda.

En una cáscara de nuez

La forma difícil es forzar las cosas para sucedan. La fácil es permitir que las sucedan.

PUDO HACER TODO.
MURIÓ DE TODOS MODOS

Un bosquejo de cómo funciona la vida

22

Hasta aquí hemos llegado. Les presento un bosquejo de *cómo funciona la vida*:

- NADA EN ESTE UNIVERSO ES REALMENTE SÓLIDO (probado por 100 años de experimentos de la física cuántica), lo cual significa que:
- TODO ES ENERGÍA (demostrado por la famosa fórmula de Albert Einstein e=mc^2) y
- LA MATERIA ES EN REALIDAD PENSAMIENTO CRISTALIZADO.
- LOS PENSAMIENTOS AFECTAN A LA MATERIA (bellamente ilustrado por el doctor Masaru Emoto y sus cristales).
- CUANDO UN DIMINUTO ELECTRÓN CAMBIA SU ROTACIÓN, EL CAMBIO REVERBERA A LO LARGO DEL UNIVERSO (como lo probó el profesor Wolfgang Pauli), lo que prueba que TODO ESTÁ CONECTADO.

Todo esto suena increíble, pero lo mismo sucede con el concepto de la creación o el Big Bang.

Un universo que se expande a la velocidad de la luz también es increíble, y lo es el hecho de que hay 300 000 000 000 000 000 000 000 000 cosas sucediendo en tu cuerpo cada segundo.

Todo es milagroso, incluyendo el hecho de que:

- TU SUBCONSCIENTE ALMACENA TODOS LOS PENSAMIENTOS Y SENTIMIENTOS QUE HAS TENIDO EN TU VIDA (por eso la hipnosis revela recuerdos antiguos).
- TODO ESTÁ CONECTADO. Esto explica por qué:
- TU MENTE SUBCONSCIENTE CREA TU EXPERIENCIA DE VIDA.

Las buenas noticias son:

- LOS SENTIMIENTOS REPROGRAMAN TU SUBCONSCIENTE.
- CUANDO TE SIENTES DIFERENTE, CAMBIAS TU DESTINO.

Tú eres el responsable de tu experiencia de vida. Tú estás creando tu vida momento a momento.

Siempre lo supiste

¿Cuál es la fórmula para el éxito y la felicidad?

- Vive con alegría y entusiasmo.
  - Usa tu imaginación y crea imágenes vívidas de lo que quieres.
  - Persiste en conseguir tus metas con una actitud ligera y feliz.
  - Vive sin temores ni prejuicios.
  - Olvídate de las desilusiones.
  - Perdona en un santiamén.
  - Ama sin motivo.

Dices: "¡Sé realista! ¿Quién vive así?"

Y la respuesta es: "Los niños de tres años."

Llegaste aquí programado para el éxito. A los tres año sabías cómo funcionaba la vida.

Jesús dijo: *"De verdad os digo, que si no os volvéis y os hacéis como niños, no entraréis en el reino de los cielos."*[43]¿De qué crees que está hablando?

El cielo no es un terreno para los muertos ubicado entre Venus y Urano. El cielo es un estado mental. El cielo es un estado del ser en que la vida se desenvuelve milagrosamente.

En una cáscara de nuez

Afortunadamente, no tienes que recordar nada de la física cuántica. Sólo estudia a los maestros de tres años.

¿Me hará feliz el éxito?

No. Primero debes ser feliz, gustarte a ti mismo.

Si eres miserable antes de una promoción, serás miserable después de ella. Si te sientes poco valioso por no tener un millón de dólares, te sentirás igual si lo posees. Si tu vida está vacía sin un novio, también lo estará con un novio.

Lograr las metas no te hará feliz. ¡Necesitas gustarte cuando *no las estás logrando*!

En una cáscara de nuez

Todo mundo cree lo siguiente: "El éxito te hace feliz." La verdad es: la felicidad te hace exitoso.

Mientras más feliz eres...

Esta mañana me entrevistaron para la radio. La anfitriona, Sara, compartió su propia historia con el auditorio. Explicó:

"Hace cinco años, era infeliz. Mi novio siempre estaba feliz."

"Mi novio trabaja con los refugiados en la YMCA. Les ayuda a adquirir confianza y a comenzar nuevas vidas. Así que es un tipo positivo que busca el lado amable de las cosas."

> *"Ahora me siento mucho más feliz. ¡No puedo creer la buena suerte que tengo!"*

"Cuando me quejaba de algo —añadió—, él decía: *¿Qué es lo bueno de esto?* Si me sentía infeliz por trabajar el fin de semana, me preguntaba: *¿Qué hay de bueno en trabajar durante el fin de semana? Hay menos tránsito. Y significa que tienes trabajo.*"

"Me alentaba constantemente para buscar las cosas buenas. Al principio era irritante. Me costaba trabajo cambiar mi manera de pensar, pero se hizo más fácil ver el lado positivo de las cosas. Me hice más feliz. Entonces se convirtió en hábito ver el lado amable de las cosas.

"Ahora me siento mucho más feliz. ¡No puedo creer la buena suerte que tengo!"

La experiencia de Sara cabe bien en este libro en una cáscara de nuez. Al principio, puede ser difícil encontrar razones para ser feliz. Pero se hace más fácil cada vez. Ganas experiencia y, mientras mejor te sientes, más "suerte" te llega.

Para aquellos de nosotros que no disponemos del novio de Sara para entrenarnos, los siguientes tres capítulos comparten tres principios sencillos que cambian todo.

A veces me pregunto:
"¿Por qué soy suertudo?"

Sé agradecido

23

**Si la única plegaria que dices en toda tu vida es "Gracias",
será suficiente.** *Maestro Eckhart*

Siendo niño solía formularme la pregunta: "Si Dios es tan maravilloso,
¿por qué le importa que digamos 'gracias'? ¿Por qué agradecer al comer?
¿Cuál es el objetivo de rezar antes de dormir: *'Gracias por mi mami y mi
papi y por tener una cama caliente?* ¿Por qué es importante la gratitud?"

¿Por qué Abraham, Zoroastro, Lao Tze, Buda, Jesucristo, Mahoma,
Yogananda y mi mamá recomiendan ser agradecidos? ¿Y por qué mucha
gente reserva tiempo para escribir *diarios de gratitud?*

Porque la gratitud te cambia. No hay forma más
rápida de elevar tu vibración. La gratitud es la vía rápida para obtener la vida que quieres.

> *"Aun estoy
> feliz, debo ser
> agradecido."*

Mientras más tengas el sentimiento de: *"Tengo lo
que quiero"*, con mayor frecuencia obtendrás lo que
quieres. El aprecio es tan bueno como la meditación.

¿Cómo puedes practicar la gratitud? He aquí consejos tan simples
que hasta un niño de seis años puede llevarlos a cabo.

CADA NOCHE: Al irte a dormir, repasa tu día y haz una lista de todo lo que te hace sentir agradecido: la familia, los amigos, la luz del sol,
los medicamentos, el desodorante, tu *laptop*, un vuelo seguro, una gran
comida, una risa con el vecino, una caminata con tu perro, las estrellas...

CADA MAÑANA: Da gracias por un día más.

MANTÉN UN DIARIO DE GRATITUD: Haz una lista de todo lo que te
hace sentir gratitud y no dejes de incrementarla.

HAZ UN PIZARRÓN DE GRATITUD: Tengo un pizarrón de corcho
cerca de mi escritorio. Está cubierto con unas 50 fotografías de la familia y los amigos que más amo, fotografías de lugares en que Julie y yo
hemos disfrutado al máximo, momentos destacados de las vacaciones
y sucesos que me hacen sentir bendito. Las miro cada día y me digo:
"¡SOY tan afortunado!" Las coloqué en ese lugar cuando me sentía
atascado y no muy agradecido.

"¡Cuando tenía tu edad estaba orgulloso de que me vieran con mis padres!"

Es una alegría hacer un pizarrón de la gratitud. Y aquí está la clave: cada vez que lo mires, asegúrate de decir: "Soy tan afortunado", no digas "qué feliz fui".

AGRADECE POR CADA PEQUEÑA COSA: Sea lo que sea que te da alegría —los perros jugando, un vaso de agua limpia, un abrazo de tu esposa— acostúmbrate a agradecer en silencio. Si un extraño te sonríe, di "gracias" en silencio. Si estás quebrado y te encuentras un dólar, di "gracias". La gratitud por cada cosita pequeña te convierte en un imán para obtener más cosas buenas.

CUANDO LAS COSAS PAREZCAN IR MAL: Pregúntate: "¿Qué hay de bueno en este desastre?" Y si no puedes encontrar nada bueno, di "gracias" de todos modos: "No tengo idea de cómo puede esto ser bueno, pero 'gracias' por adelantado."

Una vez que entiendes que la gratitud puede salvar vidas, te conviertes en un *guerrero de la gratitud*.

Cuando te des cuenta de que nada es un accidente y de que cada acontecimiento te ayuda en tu viaje, da gracias por todo. Es entonces que el universo en verdad empieza a conspirar para hacerte feliz.

En una cáscara de nuez

La gente promedio dice: "Cuando sea feliz, me sentiré agradecido." La gente alegre dice: "Cuando soy agradecido, soy feliz."

Vivir el ahora

24

¿Por qué nos obsesionamos con *encontrar el amor*, *mantener* el amor o *tenerlo de nuevo*?

Por supuesto, porque el amor se siente maravilloso. Por ejemplo, Ted se encuentra a Poppy. Por primera vez conoce a alguien que no quiere cambiarlo (todavía). Y él no quiere cambiarla a ella. "¡Poppy, eres mi princesa! ¡Eres perfecta tal como eres!" Cuando Ted está en los brazos de la princesa Poppy, no quiere nada más; no desea estar en ninguna otra parte.

¿Es porque Poppy es tan maravillosa? ¡Obviamente! Y también pasa esto: por primera vez en su vida Ted está completamente feliz con el momento presente. Durante treinta años ha sido consumido por la idea: "Debo ser mejor. Debo ser más rico. Debo ser más listo, más alto. Una vez que lo consiga, una vez que me convierta en eso, estaré bien." Pero cuando está con Poppy todo es perfecto.

El amor es lo mejor de nosotros mismos reflejado. El amor es una ventana a la belleza de la humanidad. Y el amor es una ventana al momento presente.

Cuando Ted goza de esa alegría, de esa energía sin límites que colma su ser, piensa que se trata de POPPY. Sus amigos piensan que usa DROGAS. En realidad se trata de Ted abrazando al PRESENTE.

Cuando te enamoras, no tienes resistencia. Ya no estás tratando de arreglar nada ni de cambiar a nadie. No juzgas, no te escondes ni deseas estar en otro sitio. Te conviertes en un canal puro para la energía universal.

En una cáscara de nuez

Cuando encuentras el amor, estás en el presente. Y si puedes encontrar el presente, encuentras el amor.

¡No tienes futuro!

Los gurúes de la autoayuda y los budistas zen nos dicen que *vivamos en el presente*, ¿pero importa? Sí importa, porque cuando eres feliz, entusiasta, concentrado, amoroso, te conectas con el poder del universo. Cuando estás insatisfecho, distraído, deprimido, te desconectas y entonces no tienes poder para crear nada mejor.

Tu clave para una vida mejor es sentirte bien *ahora*. No la semana entrante, cuando termines de pagar el departamento o cuando se declare la paz en Medio Oriente. Todo momento en que te lamentas de tu pasado o temes al futuro, es una afirmación de que la vida es terrible y, consecuentemente, se pone peor.

He aquí otra razón para vivir en el presente: el futuro no existe. ¡No tienes futuro! Por supuesto, pretendemos que existe, que el tiempo es como un pedazo de hilo en que el pasado es un extremo y el futuro el otro, con el presente a la mitad. No es así.

> *Las dos palabras más poderosas del universo son: "Yo soy."*

Todo lo que tenemos es un momento presente que se desenvuelve eternamente. La única ocasión en que encontrarás el futuro es cuando se convierte en AHORA. Y cuando el futuro es ahora, no es el futuro.

¿Por qué hablar de esto? Explica por qué la gente que imagina un futuro maravilloso se atora en un presente asqueroso. No tiene valor esperar algo que no existe. Es inútil decirte: "SERÉ rico, SERÉ feliz, SERÉ exitoso." Cuando tu mente está en el futuro, gastas tus llantas.

El poder está en el presente: "SOY rico. SOY feliz. SOY exitoso." ¿Qué dijo Dios a Moisés? "YO SOY el que SOY." No es una coincidencia. Dios lo entiende. Las dos palabras más poderosas del universo son: "YO SOY."

Algunas personas viven su vida como si estuvieran varados en tierra baldía: "Un día encontraré mi camino para salir de este infierno y mi vida comenzará." ¡No! Escaparás si reúnes pensamientos felices AHORA. ¿Cómo es eso? Porque los problemas existen *en el futuro*. A menos de que tengas un ataque cardiaco o te coma un oso, el presente suele estar bien. Es el futuro imaginario el que te vuelve loco: "¿Qué sucederá?" "¿Cómo sobreviviré si...?" "¿Qué dirán los demás?"

Estás perfectamente diseñado para manejar los momentos presentes. Conquistar a la preocupación trayendo tu mente de vuelta al presente. Te recuerdas: "Justo en este segundo tengo todo lo que necesito. Elijo disfrutar ESTE momento". Cada segundo que vives en el presente es una afirmación de que la vida es buena y de que "sentir el bien" trae más bondades sobre ti.

Tu vida funcionará al grado en que puedas decir:

- No hay nada que necesite fuera de este momento.
- No hay nadie a quien deba impresionar y nadie en quien deba convertirme.
- Soy lo que soy.
- Tengo todo lo que necesito para ser feliz.

En una cáscara de nuez

La respuesta a la gran pregunta: "¿Qué debo hacer con mi futuro?", es: "Vivir en el presente."

Ámate a ti mismo

25

Sé gentil contigo mismo

Existe un peligro al aceptar que tú creas tu experiencia vital: una vez que reconoces que eres responsable por cómo ha transcurrido tu vida, ¡tal vez quieras golpearte! Podrías preguntarte: "¿Cómo pude ser tan estúpido?" Puede que te culpes o incluso te odies. ¡Es una muy mala idea!

Aquí te presento una mejor manera de hablar contigo:

- "He vivido la vida del mejor modo que supe hacerlo."
- "Ahora que sé más, pensaré y me sentiré diferente."
- "Ahora que sé más, me irá mejor."

Felicítate por sobrevivir hasta este momento. NADA DE VERGÜENZAS. NADA DE CULPAS.

Por qué es importante amarte a ti mismo

Cada experiencia que tengas está coloreada por CÓMO TE SIENTES RESPECTO A TI MISMO. Cada pensamiento, cada conversación, cada momento de vigilia, cada momento de ensoñación está formado por el amor, odio, culpa o perdón que te des a ti mismo.

Así que llegamos a la esencia del asunto porque:

- La vida que creaste depende de cómo te sientes.
- Nunca habrá un momento de tu vida en que *no estés presente* (porque vayas a donde vayas, ¡siempre estás ahí!)

TODO LO QUE PASA EN TU VIDA DEPENDE DE CÓMO TE SIENTES CONTIGO.

PARA QUE SUCEDAN BUENAS COSAS EN TU VIDA CONTINUAMENTE, TIENES QUE AMARTE, no de un modo arrogante, vanidoso o presuntuoso, sino aceptándote compasivamente y con buen humor.

La gente que se ama y se acepta es energética y optimista. Son más sanos. Tienen sus retos, pero no toman los problemas como algo personal. Las cosas siempre funcionan. La gente que se culpa y se maltrata vive con lucha y desesperación.

La evidencia está en todas partes. No importa cuánto sepas. PARA QUE TU VIDA FUNCIONE, TIENES QUE AMARTE.

"¿Pero cómo puedo amarme?"

Buda nos ofrece un poco de aliento:

> **Puedes buscar en el universo entero a alguien que merezca tu amor y afecto más que tú mismo, y esa persona no se encontrará en parte alguna. Tú mismo mereces tu amor y afecto tanto como cualquier otra persona en el universo.**

¿Qué puedes hacer?

CONCÉNTRATE EN LAS COSAS BUENAS: deja de buscar lo que no te gusta de ti. Concéntrate en lo que sí te gusta y lo malo se irá. Aquello en lo que te concentras se expande.

SIEMPRE HABLA BIEN DE TI: Nunca te critiques. Esto es autosabotaje e irrita a la gente. Si no tienes nada bueno qué decir de ti, no digas nada.

BUSCA LO BUENO EN LOS DEMÁS: La gente que se siente mal consigo misma busca faltas en los demás. La otra opción es: buscar las cualidades de los demás te hará sentir mejor contigo mismo.

BUSCA LA BELLEZA EN TODAS PARTES: Para reconocer la belleza en una flor, en una catedral, en una roca, en una puesta de sol, en un cachorro, debes tenerlos dentro. De otro modo, no reconocerías la belleza al mirarla.

Al apreciar todo lo que nos rodea, llegamos al amor por nosotros mismos.

CUIDA TU HOGAR: El lugar en que vives afecta tu manera de sentir. Crea un espacio que te anime cada vez que entras por la puerta principal. Ser arreglado no cuesta nada. Mejor vivir en un departamento de una sola recámara limpia que en una mansión sucia. ¡Quizá tu casa no sea grandiosa, pero puede estar arreglada! Cuelga cuadros o fotografías que te inspiren.

Fred dice: "¡Cuando sea exitoso, dejaré de vivir como una rata." ¡Equivocado! Para ser exitoso empieza a vivir bien. Debes sentirte bien ahora.

NÚTRETE: Primero, he aquí lo que NO es nutrirte:

Lisa, quien debe un mes de renta y debe 10 mil dólares en sus tarjetas de crédito, compra un bolso de mano de 2 mil dólares y proclama: "¡La merezco!" ¡No, Lisa! Gastar dinero que *no tienes* en cosas que *no necesitas* no es nutrirte; es *castigarte*.

Nutrirte es hacer cosas que te hacen sentir bien y puedes costear. Te doy un par de ejemplos:

- Si estás completamente quebrada: camina por un parque de la ciudad y disfruta las flores; siéntate en el *lobby* de un gran hotel de cinco estrellas y lee un libro (es gratis); aprende a dar masajes con una amiga y consiéntanse con un tratamiento una vez a la semana.

- Si te sobra algo de dinero compra un boleto de clase turista y usa los puntos para ascender a la siguiente clase por primera vez en tu vida; ahorra diez dólares a la semana hasta que puedas llevar a tu mamá a comer al mejor restaurante de la ciudad.

Tu misión debe ser disfrutar los placeres costeables. Empieza ahora. Nutrirte significa pasar tiempo con gente que te pone de buenas. Significa buscar experiencias dulces, estirar tus expectativas y sentirte mejor y mejor, poco a poco.

MEDITA: El propósito de la meditación es SER un propósito. Estamos tan ocupados "haciendo" que solemos olvidar que somos "seres" humanos. La meditación es el ejercicio último en desapego y bienestar.

APRENDE A RECIBIR: Quizás tienes una amiga como Mary:

- La invitas a cenar. Ella dice: "No te molestes."
- Le compras un regalo de cumpleaños. Ella dice: "No debiste."
- Le ofreces cargar sus bolsas del súper: Ella dice: "Yo puedo."
- Le dices que es bella y te dice: "Mi trasero es gordo."

Tal vez eres como Mary. Si quieres una vida rica, aprende a aceptar la ayuda de otros, sus invitaciones, regalos y cumplidos felizmente.

HAZ COSAS QUE AMAS: Pasa el tiempo haciendo cosas que te encantan, no en tu horario de trabajo sino en tu tiempo libre. Si amas la música, la pintura o nadar con tiburones, reserva tiempo para ello. Cuando haces las cosas que te gustan, afirmas: "Soy valioso y lo que me gusta importa."

Siéntete cómodo al recibir.

SÉ GENTIL CONTIGO: si te resulta difícil amarte o perdonarte, consigue una foto tuya a los dos o cuatro años y ponla en tu escritorio. Es mucho más fácil perdonar a un niño de cuatro años.

Amamos a nuestros maridos, esposas, padres, novios y *no son perfectos*. ¿Por qué tendrías tú que ser perfecto? Convéncete de que no tienes que ser perfecto y de que eso es perfecto.

DATE CRÉDITO: Una vida feliz trata de la mejoría y no de la perfección. Celebra los pequeños progresos.

En una cáscara de nuez
Ámate a ti mismo. Tu vida depende de ello.

LA GENTE FELIZ SE ENFOCA EN LO QUE TIENE.

LA GENTE INFELIZ SE ENFOCA EN LO QUE NO TIENE.

¿Por qué estoy aquí?

26

INFORMACIÓN

ANDREW MATTHEWS

"¿Por qué estoy aquí?"

La felicidad es el significado y el propósito de la vida, el objetivo entero y el fin de la existencia humana.
Aristóteles

Imagina por un momento que eres Dios y decides hacer unos humanos.

Estos humanos son una especie de aprendiz de creador. No construyen universos, pero son bastante hábiles. Escriben historias y hacen música, inventan helicópteros y iPods, construyen ciudades y también hacen bebés.

Si fueras Dios, ¿cómo diseñarías las cosas? Las organizarías para que estos humanos fueran víctimas indefensas del destino, ¿y cuál sería el propósito? ¿O diseñarías un mundo en que los humanos pudieran darse cuenta gradualmente de su propio poder para crear experiencias de vida? ¿Qué te parece un esquema como éste?

Estos humanos habitan el universo que parece suficientemente sólido. Pero al investigarlo descubren que los bloques de construcción del universo no son partículas sólidas, sino ondas de energía. Esta energía resulta ser la misma que compone los pensamientos humanos.

En este universo, la misión de todo humano es asumir completa responsabilidad por su vida al controlar sus pensamientos y sentimientos.

¿Te gusta esta idea? Espero que sí, porque tal es nuestro universo.

Edgar Mitchell, el astronauta del Apollo, lo pone en una cáscara de nuez:

> **Si cambiamos nuestra idea de quiénes somos —y nos concebimos como seres creativos, eternos, que crean experiencia física, unidos al nivel de la existencia que llamamos conciencia— entonces empezamos a ver y a crear este mundo en el que vivimos de modo muy distinto.[44]**

Los maestros espirituales siempre han enseñado esto. Algunas personas nacen sabiéndolo. La ciencia se está poniendo al día.

¿Suena demasiado fantástico que con nuestros pensamientos y sentimientos creamos nuestra experiencia de vida? La evidencia está a nuestro alrededor. Vinimos aquí para descubrir nuestro poder. No somos ni víctimas ni peones. Somos creadores.

Probablemente siempre has sentido esto. No eres ninguna hoja en el viento. Tú controlas tu destino.

Las grandes preguntas

Es muy común que nos concentremos en nuestras diferencias. ¿Cuál es la diferencia entre los hombres y las mujeres? ¿Cuál es la diferencia entre mi religión y la tuya?

No obstante, imagina por un momento que pudiéramos reunir a algunos maestros espirituales —Jesús, Buda, Mahoma, Lao Tze— y les pidiéramos que respondieran algunas de las grandes preguntas. Supongo que todos estarían de acuerdo con las respuestas.

¿Qué soy?

Eres una chispa de Dios, o de la *Fuente*. Tu esencia es el amor. El resto es ilusión o pensamiento erróneo.

¿Cuál es mi meta?

Pensar como piensa Dios. Amar como ama Dios. Crear como crea Dios.

En resumen

Eres un espíritu con una experiencia física. Cualquier cosa que aparezca en tu vida —alegría, abundancia, úlceras, el FBI— es una retroalimentación precisa de lo que tus pensamientos y sentimientos han creado.

En algún momento te caerá el veinte de que eres enteramente responsable de tu realidad. Hasta que *lo entiendas*, la vida puede ser un infierno en la Tierra.

Después de comprenderlo, la vida se convierte en un juego en que:

- Tus sueños se mueven hacia ti con una velocidad cada vez mayor.
- Todo se torna más y más divertido.

Las principales reglas del juego son:

- ACEPTA: a ti, a los demás y a la situación actual.
- PERDONA: a ti y a los demás.
- SÉ AGRADECIDO.
- VIVE EL MOMENTO.
- SIENTE QUE YA HAS LOGRADO TUS METAS.

- REMPLAZA EL TEMOR CON AMOR Y AMABILIDAD.
- SÉ FELIZ.

Al vivir de acuerdo con estas guías, elevas tu energía y te haces más poderoso. Logras cada vez más con menos esfuerzo. También te das cuenta de que en realidad no eres tú el que está haciendo las cosas. El poder viene a través de ti.

Nadie te retiene. Nadie puede retenerte.

No necesitas tener más información. No necesitas más seminarios ni el permiso de nadie. Sólo refina cada pieza del rompecabezas en tu propio tiempo y puedes estar seguro de que es perfecto.

En una cáscara de nuez

Tu misión es SENTIRTE TAN BIEN COMO SEA POSIBLE CADA MINUTO, CADA HORA, CADA DÍA. Así funciona la vida.

Referencias

1 Hill, Napoleon, *Think and Grow Rich*, Cleveland, Ohio, The Ralston Publishing Co., 1953.

2 Maltz, Maxwell, *Psycho-Cybernetics*, Pocket Books, 1989.

3 Bristol, Claude M., *The Magic of Believing: The Science of Setting Your Goal and Then Reaching It,* Fireside, 1991.

4 Peale, Norman V., *The Power of Positive Thinking*, Fawcett Columbine, 1952.

5 Las fotografías se reproducen con el permiso del doctor Masaru Emoto.

6 McTaggart, Lynne, *The Intention Experiment,* Free Press, 2007, página 24.

7 Rein, Glen y McCraty, Rollin, "Structural changes in water and DNA associated with new physiologically measurable states", Journal of Scientific Exploration, 1994; 8 (3), páginas 438-439.

8 Eddington, Arthur, *The Nature of the Physycal World*, MacMillan, 1935.

9 Hawking, Stephen, *Into the Universe*, serie 1, episodio 3 (4:16).

10 Gawain Shakti, *Creative Visualization*, Whatever Publishing, 1978, páginas 8 y 10.

11 Goddard, Neville, *Feeling Is the Secret*, BN Publishing, 2007, página 19.

12 Douglas-Klotz, Neil (traductor), *Prayers of the Cosmos: Meditations on the Aramaic Words of Jesus*, San Francisco, Harper, 1994, páginas 86-87.

13 Braden, Gregg, *Secrets of the Lost Mode of Prayer*, Hay House, 2006, páginas 7-8.

14 Mateo, 13:12.

15 Goddard, Neville, *Feeling is the Secret*, BN Publishing, 2007, páginas 16 y 21.

16 Pauli, Wolfgang, "Relation between the closing in of electron-groups in the atom and the structure of complexes in the spectrum", *Zeitschrift fur Physik*, 1925, número 31, páginas 765-783.

17 Hill, Napoleon, *Think and Grow Rich*, Cleveland, Ohio, The Ralston Publishing Co, 1953.

18 Personajes de ficción de la película de George Lucas, *La guerra de las galaxias*, 1977.

19 *The Voice*, Nine Network Television, Australia, 2013.

20 Matthews, Andrew, *Being Happy!*, Media Masters, Singapur, 1988.

21 Jim Carrey, entrevista en *Movieline*, julio de 1994.

22 Matthews, Andrew, *Being Happy!*, Media Masters, Singapur, 1988.

23 Mateo, 5:39.

24 Foundation for Inner Peace, *Un curso de milagros*, segunda edición, Nueva York, Viking Penguin, 1996, lección 243.

25 Brown, Brené PhD., *The Power of Vulnerability*, www.ted.com/talks/brene_brown_on_vulnera bility.

26 Moseley, J. Bruce *et al.*, "A controlled trial for arthroscopic surgery of the knee", *New England Journal of Medicine*, 2002, número 347, páginas 81-88.

27 Moseley, Bruce, entrevista en *60 minutos*, 29 de noviembre de 2012.

28 Lipton, Bruce, *The Biology of Belief. Unleashing the Power of Consciousness, Matter & Miracles*, Hay House, 2011.

29 *Ibid.* página 42.

30 Pert, Candace, *Molecules of Emotion*, Simon and Schuster, 1997, página 189.

31 Pearsall, Paul, *The Heart's Code*, Broadway, 1998, página 65.

32 *Ibid.*

33 *Ibid.*

34 Sylvia, Claire, *A Change of Heart*, Warner Books, 1998.

35 Pearsall, Paul, *The Heart's Code*, Broadway, 1998, página 7.

36 Orme-Johnson D, Alexander C, Davies J, Chandler H, Larimore W, "International Peace Project in the Middle East: The Effects of the Maharishi Technology of the United Field", *Journal of Conflict Resolution*, 1988, número 32 (4), páginas 776-812.

37 "International Peace Project in the Middle East: The Effects of the Maharishi of the Unified Field", *The Journal of Conflict Resolution*, volumen 32, número 4, diciembre de 1988.

38 Byrd, R. C, PhD., "Positive therapeutic effects of intercessory prayer in a coronary care unit population", *Southern Medical Journal*, 1988, número 81, páginas 826-829.

39 McTaggart, Lynne, *The Intention Experiment*, Free Press, 2007, página 23.

40 The Secret Life of Plants, parte 2 de 4, entrevista con Cleve Backster, watch?v =nYksxtBOw(U, (0:47).

41 Lipton, Bruce H., *The Biology of Belief*, Hay House, 2005, página 155.

42 Yogananda, Paramahansa, *Autobiography of a Yogui*, Self-Realization Fellowship, 1948.

43 Mateo 18:3.

44 Mitchell, Edgar, "As the paradign shifts: Two decades of consciousness research", *Noetic Sciences Review*, 1992, número 24, página 7.

Notas

Andrew Matthews

Es un autor y conferencista internacional especializado en temas sobre actitud, felicidad, éxito, prosperidad, equilibrio y cambio. Ha impartido conferencias a bancos, hospitales, instituciones gubernamentales, cárceles, empresas, y ha visitado más de 500 universidades y escuelas alrededor del mundo.

En el campo de la motivación y el desarrollo personal, sus libros *Escucha tu corazón* y *La felicidad ¡ahora!* se han convertido en clásicos. Más de un millón de personas han asistido a sus seminarios y conferencias en todo el mundo. Sus libros, incluyendo, *Sé un adolescente feliz, La felicidad al minuto* y *La felicidad en tiempos difíciles* se han publicado en 38 idiomas y han vendido más de 7 millones de copias en 60 países.

Contacto:
info@seashell.com.au
Tel. +61 740 556 966
www.andrewmatthews.com

Otros títulos del autor

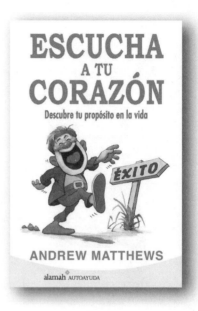

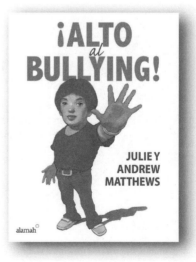

Así funciona la vida, de Andrew Matthews
se terminó de imprimir en septiembre de 2015
en los talleres de Litográfica Ingramex, S.A. de C.V.
Centeno 162-1, Col. Granjas Esmeralda,
C.P. 09810 México, D.F.